2ª edição - Janeiro de 2022

Coordenação editorial
Ronaldo A. Sperdutti

Projeto gráfico e editoração
Juliana Mollinari

Capa
Juliana Mollinari

Imagens da capa
Shutterstock

Assistente editorial
Ana Maria Rael Gambarini

Revisão
Alessandra Miranda de Sá

Impressão
AR Fernandez Gráfica

Direitos autorais reservados. É proibida a reprodução total ou parcial, de qualquer forma ou por qualquer meio, salvo com autorização da Editora. (Lei nº 9.610, de 19 de fevereiro de 1998)

Traduções somente com autorização por escrito da Editora.

© 2018 - 2021 by Boa Nova Editora.

Av. Porto Ferreira, 1031 | Parque Iracema
CEP 15809-020 | Catanduva-SP
17 3531.4444

www.petit.com.br | petit@petit.com.br
www.boanova.net | boanova@boanova.net

Dados Internacionais de Catalogação na Publicação (CIP)
(Câmara Brasileira do Livro, SP, Brasil)

Orlandeli, Maria Estela.
 Loucuras de uma paixão / Maria Estela Orlandeli. –
São Paulo : Petit, 2018.

 ISBN 978-85-7253-331-7

 1. Espiritismo 2. Psicografia 3. Romance espírita I. Orlandeli, Maria Estela.   II. Título.

10-01555   CDD: 133.93

Índices para catálogo sistemático:
1. Romances espíritas psicografados : Espiritismo   133.93

Impresso no Brasil – Printed in Brazil
2-1-22-3.000-14.500

Prezado(a) leitor(a),

Caso encontre neste livro alguma parte que acredita que vai interessar ou mesmo ajudar outras pessoas e decida distribuí-la por meio da internet ou outro meio, nunca deixe de mencionar a fonte, pois assim estará preservando os direitos do autor e, consequentemente, contribuindo para uma ótima divulgação do livro.

LOUCURAS DE UMA PAIXÃO

MARIA ESTELA ORLANDELI

Este livro é dedicado a todas as mulheres que sofrem violência física e psicológica.

"Por essa razão, o homem deixará pai e mãe e se unirá a sua mulher, e eles se tornarão uma só carne" (Gn 2.24).

SUMÁRIO

A PALESTRA 9

OBSESSÃO 19

EXPLICAÇÕES 35

CONSEQUÊNCIAS 57

REGENERAÇÃO 91

O RESGATE 121

A VERDADE 163

A PALESTRA

Na escola da Colônia Espiritual, os alunos iam chegando para mais um dia de aulas, e o burburinho fazia-se ouvir pelos corredores. Na escola, cada sala tinha um currículo específico de estudos, cada turma estava sendo orientada e preparada para um determinado trabalho.

Na sala do orientador Carlos, os alunos estavam agitados, pois, naquele dia, receberiam a visita de um amigo especial, que faria uma pequena palestra referente à matéria que estudavam.

Um a um, os alunos foram se sentando, e o orientador esperou que eles se acalmassem para dar início à aula:

– Bom dia, meus irmãos! Espero que hoje todos estejam com muita vontade de aprender, pois nosso irmão José Ernesto está vindo das Esferas mais Altas para nos agraciar neste dia com uma bonita e emocionante palestra. Espero que aproveitem essa oportunidade ao máximo.

O orientador Carlos contemplou os rostos felizes de seus aprendizes e continuou:

– Nosso irmão nos falará hoje sobre a regeneração espiritual, como um ato de amor de Deus para com os homens. Creio que já ficou muito claro e evidente na mente de todos vocês que somos eternos pecadores em busca da redenção. Essa máxima ficou bem entendida quando Jesus nos disse que atirasse a primeira pedra quem não fosse pecador. Jesus também afirmou para Nicodemos que seria necessário nascer de novo, para obter-se a vida eterna. Nicodemos se assustou com esta afirmação e não a compreendeu de imediato. Jesus se referia à reencarnação, como forma de evolução espiritual, através da qual conseguimos expurgar nossos erros de vidas passadas. A reencarnação, meus queridos, é uma bênção para nós, caminheiros errantes do planeta Terra. Jesus também nos disse que Deus não quer a morte do pecador, mas sim que ele se converta e viva. Jesus quis dizer que Deus está sempre pronto para nos receber de braços abertos e nos oferecer uma nova oportunidade para mudarmos nossa vida e seguirmos o caminho da verdade. E como podemos fazer isto?

O orientador Carlos parou por alguns segundos e respirou fundo, dando assim a oportunidade para seus alunos irem assimilando tudo o que ele dizia. Depois, continuou:

— A regeneração é um ato de amor divino, é uma nova chance dada por Deus para nos redimirmos de nossos pecados e renascermos para uma nova vida. A regeneração é uma mudança muito profunda na mente e no agir do pecador; é a criação de um novo coração e de uma nova vida. Saibamos aproveitá-la.

Após terminar sua apresentação, o orientador Carlos se dirigiu até uma cadeira, posta ao lado dos alunos para, assim como eles, assistir à palestra.

Não demorou e um ser, dotado de intensa luz, se fez presente na sala, na frente dos alunos, que ficaram encantados com o que viam. Para muitos, era a primeira vez que tinham contato com um espírito de tão grande elevação espiritual.

Lentamente, o ser iluminado foi diminuindo a intensidade de sua luz, e todos puderam contemplar o ilustre visitante. José Ernesto era um experiente trabalhador do mundo espiritual. Na Terra, ele seria designado como "Mentor Espiritual" ou "Anjo da Guarda". O fato é que, devido à sua larga experiência com o comportamento humano, pois trabalhava muito com encarnados, era chamado com frequência para ministrar palestras aos iniciantes, preparando-os para o futuro trabalho.

José Ernesto gostava muito dessa experiência de poder passar suas pesquisas e conhecimentos para os irmãos iniciantes. A palestra que daria naquela manhã seria muito interessante e proveitosa para os aprendizes, pois falava do comportamento humano. Para os espíritos que trabalham diretamente com os encarnados na Terra, todo tipo de aprendizado e orientação é sempre bem-vindo.

– Bom dia, meus queridos aprendizes! Espero que esta palestra seja tão proveitosa para vocês como será para mim. É com muito prazer e vontade de ajudá-los que estou hoje aqui, para passar-lhes um pouco dos meus conhecimentos sobre o comportamento humano. Durante minha explanação, conforme vocês forem tendo dúvidas, podem me perguntar. Se estiver ao meu alcance respondê-las, eu o farei com muito prazer.

O orientador Carlos alertou:

– Meus caros alunos, prestem muita atenção em nosso irmão José Ernesto, pois ele tem várias informações que serão de extrema importância para vocês.

– Caríssimos irmãos – prosseguiu José Ernesto –, vocês, que estão se preparando para trabalhar ao lado dos encarnados, sabem como está cada vez mais difícil nos tornarmos presentes com nossas orientações e conselhos na vida deles. O ser humano é dotado de livre-arbítrio, portanto, quem somos nós para dizer-lhes o que eles devem ou não fazer? Nosso papel em suas vidas é de orientação e socorro, mediante nossas forças e limitações. Nossa influência para com eles só é permitida a partir do momento em que eles nos dão permissão para nos fazermos presentes. Irmãos mais experientes no trabalho na Terra frequentemente se queixam da pouca vontade dos irmãos encarnados em serem receptivos com nossas orientações e ajuda. Como sabemos, o planeta Terra, planeta de provas e expiações, está passando por um momento muito crítico em sua existência. Seus habitantes estão sofrendo forte influência em suas vidas, proveniente de espíritos inferiores.

– Irmão, um dia essa situação vai mudar? – perguntou uma aluna.

– Mas é claro que sim. Deus sempre nos impulsiona para o bem e a harmonia, então, um dia a Terra sairá do seu estágio de expiação e provas, e passará para a condição de mundo de regeneração.

– Que bom! – exclamou a aluna.

– Enquanto essa boa-nova não acontece, meus irmãos, nós estaremos sempre ao lado dos nossos irmãozinhos, porém, sempre esbarrando na Lei do Livre-Arbítrio; se eles não permitirem nossa ajuda, não poderemos ajudá-los. Não depende apenas de nossa boa vontade; dependemos também da boa vontade deles em querer ser ajudados.

– Irmão José Ernesto, quando um encarnado não aceita nossa influência benéfica e prefere a companhia de espíritos inferiores, o que devemos fazer: afastar-nos e deixá-lo por sua conta, ou continuar tentando? – perguntou um aluno curioso.

– Meus irmãos, o que vai determinar o fracasso ou o sucesso de um indivíduo em sua presente encarnação é a perseverança; a nossa, permanecendo sempre ao seu lado e intuindo-o, e a dele, perseverando e trabalhando sempre no caminho do bem.

– Irmão José Ernesto – chamou uma aluna, levantando sua mão –, certa vez me perguntaram onde estava o mentor de Adolf Hitler, que lhe permitiu cometer tantas atrocidades na Terra, e eu não soube o que responder.

– Ora, meus irmãos, onde mais poderia estar seu mentor, senão ao seu lado?

– Mas, então, como ele permitiu tanta barbaridade? – questionou a mesma aluna.

– Não estava nas mãos do mentor decidir e escolher o caminho do seu protegido. Hitler usou do livre-arbítrio para escolher o próprio caminho. Ele se fez cercar dos espíritos que estavam mais próximos de sua faixa vibratória, e o resultado de suas escolhas e amizades está gravado até hoje em nossos livros de História, nas páginas do horror e do inimaginável.

– Quer dizer então que ele já era um caso perdido? – perguntou outra aluna.

– De forma alguma! Como acabei de lhes dizer, seu mentor estava sempre ao seu lado, só esperando que ele pedisse ajuda.

Ao menor sinal de arrependimento de sua parte, seu mentor estaria pronto para ajudá-lo.

– Infelizmente, ele não se arrependeu nem pediu ajuda. Se tivesse feito isso, a História hoje seria contada de forma diferente – comentou outro aluno.

– Infelizmente, como você mesmo disse, ele se deixou levar pelas más influências do mundo inferior e cercou-se de maus conselheiros.

– O que facilitou essa sua escolha para o lado do mal? – quis saber outro aluno.

– O mesmo problema que afeta a humanidade até os dias de hoje, o desespero em adquirir o poder a qualquer custo. Os vícios humanos e os pensamentos de baixa vibração são capazes de levar muitos encarnados à destruição. Ao vibrar energias densas, ele atraiu para si espíritos com a mesma faixa vibratória densa. Somos como ímãs, meus irmãos: atraímos para nosso convívio pessoal espíritos e pessoas semelhantes a nós. Isso é fato.

– Mas não havia nada que pudesse ter sido feito para impedir o que aconteceu? – perguntou um aluno com curiosidade.

– Como o que, por exemplo?

– Ah... Sei lá! De repente, ele poderia ter desencarnado repentinamente, por morte natural ou acidente, quem sabe. Isso teria evitado a morte de milhares de outras pessoas, não é? – perguntou meio em dúvida o aluno.

– Entendi! Você está se referindo à velha questão moral de se sacrificar uma pessoa pelo bem maior de toda a humanidade.

– Isso mesmo! Neste caso, não se aplicaria essa lei? – insistiu ele.

– Talvez... Porém, quem somos nós para julgarmos os desígnios de Deus? Para sabermos se foi certo ou errado o que aconteceu, precisaríamos ter conhecimentos prévios das vidas anteriores de todos aqueles que pereceram no Holocausto, e também das do próprio Hitler. E quem somos nós, meus irmãos, para termos tal conhecimento?

– Tem razão, irmão. Mas e se por acaso ele tivesse visto o tamanho da enrascada na qual havia se metido e tivesse pedido ajuda? Ele teria sido perdoado? – insistiu o aluno.

– A palavra correta para essa situação não é *perdoado*, e sim *ajudado*. Vocês sabem que nossos erros não são esquecidos; eles nos acompanham sempre, esperando as melhores hora e maneira de nos redimirmos. Nossos erros não somem como em um passe de mágica, tampouco podem ser perdoados por terceiros; eles esperam para serem transformados com nossas boas ações. Se ele tivesse orado a Deus e pedido socorro ao seu mentor, este lhe teria socorrido. A este ato, damos o nome de "regeneração", uma reforma no sentido de se melhorar como pessoa e como espírito. Não basta um arrependimento ou um pedido de perdão. É necessária uma mudança profunda em nossa vida e em nossos atos. Precisamos recomeçar a vida de uma forma diferente.

– O irmão está se referindo à Reforma Íntima? – arriscou uma aluna.

– Exatamente. A maior dificuldade para se fazer a tão falada Reforma Íntima é justamente entender o que devemos reformar em nós. A partir daí, então, devemos passar para outra grande dificuldade, que é praticar a Reforma em nossa personalidade, em nosso modo de agir e até mesmo no pensar.

– Mas o que pode ter contribuído para que Hitler não pedisse ajuda ao seu mentor? – insistiu mais uma vez o mesmo aluno.

– Como já lhes disse, não tenho respostas para todas as perguntas, mas é fato que esbarramos sempre no mesmo ponto: a humildade para assumirmos nossos erros e querermos mudar nossa vida. Vocês também sabem que os maus pensamentos libertam-se de nossa mente e ficam pairando na atmosfera. Quando todos esses maus pensamentos se juntam, formam uma grossa nuvem poluidora, que muitas vezes dificulta e interfere em nossos bons pensamentos e ações. Na Terra, as energias densas são mais fortes, o que facilita ao encarnado ligar-se a um espírito inferior, que vibra como ele, do que se ligar a um espírito superior, que possui energias mais sutis e fluídicas.

Para os encarnados, o material é muito mais interessante do que o espiritual; cedemos aos vícios, um hábito repetitivo que degenera ou causa prejuízo ao viciado e aos que com ele convivem.

– Explique-se melhor, irmão – pediu uma aluna.

– Quando encarnados, somos tentados e cedemos muitas vezes aos vícios primitivos que nos rodeiam, como o uso descontrolado de drogas, álcool, cigarros, sexo, entre outros. Para os encarnados que vivem no mundo, os vícios mundanos são sempre mais interessantes e prazerosos do que a sublimação espiritual.

– Desculpe-me por interromper, mas essa guerra me parece desigual. Da forma como o senhor nos coloca, os espíritos de luz vão estar sempre em desvantagem – ponderou um aluno.

– Você tem razão. É realmente uma guerra, e ela acontece na cabeça dos encarnados todos os dias: a guerra entre o certo e o errado. Quanto às vantagens ou desvantagens, quem decide o lado que quer seguir são os encarnados, cada um com sua consciência, lembrando-se sempre de que, no final, sempre colhemos o que plantamos durante nossa vida terrena. A evolução dos seres é necessária, e toda criatura é livre para percorrer o caminho que desejar, porém, é obrigada a assumir as consequências de suas escolhas.

– Irmão José Ernesto – pediu uma aluna –, fale-nos mais sobre a regeneração.

– Quando estamos doentes do corpo, procuramos remédios que nos tragam uma melhora ou o bem-estar físico. Quando lesamos algum órgão ou membro físico, e não conseguimos mais recuperá-lo através de remédios ou cirurgias, recorremos aos transplantes. Usamos tudo o que estiver ao nosso alcance para nos curarmos e recuperarmos o corpo físico. Mas, no nosso dia a dia terrestre, esquecemo-nos de que também lesamos nosso espírito e que este também necessita de cuidados especiais constantemente. Muitas vezes, preocupamo-nos em excesso com o corpo material e negligenciamos o corpo espiritual. Dependendo de como levamos nossa vida na Terra, podemos adoecer ou estragar tanto o corpo físico quanto o corpo espiritual. Só que nem sempre nos damos conta do que estamos fazendo com nosso espírito; muitas vezes, quando acordamos, já é tarde demais para recuperá-lo na atual reencarnação.

– Tem razão, irmão – complementou uma aluna. – Muitas vezes acabamos envolvidos em crimes, assassinatos ou em outras situações muito degradantes, que futuramente lesarão gravemente nosso espírito.

– Exatamente. Assim, qual é o remédio que podemos usar para recuperar nosso corpo espiritual, quando percebemos que este está doente? A Reforma Íntima, ou, simplesmente, a regeneração de nossa vida desregrada na Terra. Regeneração nada mais é do que uma reforma em busca do aprimoramento; é um novo nascimento do espírito. O homem encarnado necessita constantemente de regeneração espiritual para evoluir.

– Mas, irmão José Ernesto, quantas vezes um espírito pode se regenerar? – perguntou outro aluno interessado no tema.

– Quantas vezes forem necessárias para sua evolução espiritual.

– Quer dizer que não há um limite de vezes para um espírito querer regenerar-se?

– Não! Um espírito pode regenerar-se a cada dia de vida. Sempre que ele busca seguir corretamente os ensinamentos do Mestre Jesus, ele está se regenerando.

– E essa regeneração só acontece lá na Terra? – quis saber uma jovem, meio em dúvida.

– Absolutamente, não! Um espírito pode se regenerar tanto na Terra quanto no Mundo Espiritual. Atrás de quem vocês acham que vão os espíritos socorristas no Umbral e no Vale dos Suicidas? – perguntou José Ernesto com um sorriso.

– Vão atrás daqueles que se arrependeram e pediram ajuda? – arriscou um aluno com certa timidez.

– E como vocês acham que esses espíritos chegaram à conclusão de que necessitavam de ajuda? Através da regeneração de seus pensamentos e conduta. Um espírito só é socorrido quando consegue se dar conta de sua atual situação e quer mudar. Não é assim que acontece, meu caro amigo Carlos?

– Exatamente, irmão José Ernesto! – concordou o orientador.

— Se vocês não sabem, o orientador Carlos já trabalhou como socorrista, antes de vir trabalhar nesta colônia como orientador.

Os alunos voltaram a atenção para o orientador Carlos, tentando imaginá-lo no Umbral como socorrista.

— Espero não estar confundindo seus alunos com minhas explicações, meu amigo — disse José Ernesto com bom humor.

— De forma alguma, meu amigo. Eles são muito espertos para que consiga confundi-los — respondeu Carlos sorrindo. — Contudo, creio que ficaria mais fácil para entenderem o assunto em questão se você lhes contasse uma de suas maravilhosas histórias.

— Acha mesmo? — perguntou José Ernesto, com expressão de dúvida.

— Mas é claro! Tenho certeza de que eles, assim como eu, ficariam encantados em ouvi-lo.

— Está bem! Se tiverem paciência para me ouvir, contarei a vocês uma história muito interessante de regeneração que se passou no planeta Terra.

Todos se acomodaram melhor nas cadeiras e aguardaram com muita expectativa o início do relato do irmão José Ernesto...

OBSESSÃO

À porta da faculdade, havia grande agitação. Faltavam apenas alguns minutos para a saída dos alunos do período noturno. A noite estava fria e lá fora caía uma fina e gelada garoa. Alguns alunos que tinham sido pegos desprevenidos pela mudança brusca do tempo encolhiam-se de frio assim que cruzavam a porta em direção à rua.

Do outro lado da rua, atrás de uma árvore, como era de costume, Alfredo aguardava escondido e ansioso a saída de Maria Celeste. Todas as noites, no decorrer do último ano, Alfredo se escondia atrás de uma enorme castanheira e ficava esperando seu grande amor sair.

Ele nutria uma paixão doentia pela jovem estudante de medicina. O único problema era que a jovem sequer sonhava com a existência dele. Como tudo havia começado, nem ele mesmo sabia. Tudo de que se lembrava era um dia ter ido até a faculdade realizar um serviço – Alfredo era técnico de informática e trabalhava para uma pequena empresa que prestava serviços para a faculdade. Ao chegar ao portão do edifício, tinha esbarrado em uma moça que estava saindo... Pronto, foi o suficiente!

A partir daquele dia, Alfredo não tivera mais sossego na vida. O rosto angelical daquela moça não saíra mais de sua mente. Sua cabeça ficara confusa; ele sonhava com a jovem e pensava nela a todo instante.

Alfredo passara a ser negligente com o trabalho, não se alimentava direito e esquecera de si mesmo; seu mundo era ela, apenas ela.

Porém, ele não tinha coragem para se aproximar da moça e se declarar apaixonado por ela; tinha medo de ser rejeitado ou mal interpretado. Toda noite, ia até a faculdade e ficava observando o portão, esperando que seu amor saísse para poder vê-lo. Na primeira semana, contentou-se apenas em olhá-la. Na segunda semana, olhá-la já não era mais suficiente; precisava saber mais sobre sua amada. Foi então que Alfredo passou a segui-la...

Acompanhando o caminho que ela fazia após a faculdade, descobriu onde a moça morava. Passou então a espreitá-la em sua casa. Dias depois, já conhecia todos os hábitos e caminhos feitos pela jovem.

Secretamente, passou a fotografá-la. A câmera digital transformou-se em sua companheira de investigações. Buscava sempre o melhor ângulo, o melhor momento, a melhor posição... Porém, sempre de longe.

※

Maria Celeste era estudante de medicina e estagiava em um hospital próximo de sua casa; assim, ela seguia todos os dias a pé para o hospital. Nem em seu pior pesadelo poderia imaginar o que se passava ao seu redor.

※

Um dia, Alfredo teve uma ideia espetacular para conseguir uma foto do rosto da jovem. Todas as tardes, no seu trajeto de volta para casa, a jovem parava em uma lanchonete. Alfredo, sempre na espreita, observava tudo. Naquele dia, esperou a moça sair e entrou na lanchonete, pediu um suco e um lanche, e ficou fazendo hora. Vez ou outra, ele puxava conversa com o atendente.

Alfredo fez isso por vários dias, até que acabou se tornando amigo do moço. Depois de ganhar a confiança do jovem, pôs seu plano em prática:

– Boa tarde, Pedro! Como está o suco de laranja hoje? Fresquinho?

– Está sim, Paulo. – Esse era o nome que ele dera para o atendente.

– Então, Pedro, me traz um suco de laranja bem gelado e um sanduíche natural.

– É pra já! – disse o moço, solícito.

Enquanto o atendente preparava seu pedido, ele aproveitava para repassar seu plano; nada poderia dar errado. Depois de cinco minutos, o atendente voltou trazendo o sanduíche e o suco.

– Aqui está, Paulo. Do jeito que você gosta, com bastante gelo no suco.

– Obrigado, Pedro. Este suco está com uma cara ótima!

– Mais alguma coisa?

– Bem, já que você perguntou... Eu precisava de um favor seu.

– Pode falar. Se estiver ao meu alcance...

– Você pode se sentar um pouco, para podermos conversar melhor?

– Bom... Acho que sim. A lanchonete está meio vazia hoje. – O jovem se sentou e ficou esperando.

– Olha, Pedro, eu já lhe disse que estudo sociologia e estou prestes a me formar. Meu trabalho de conclusão de curso é sobre o comportamento feminino. Estou desenvolvendo uma pesquisa sobre mulheres que seguem um hábito diário.

– Como assim?

– Vou lhe explicar; preste atenção. Por acaso você tem aqui na lanchonete uma cliente que todos os dias entra no mesmo horário e faz, quase sempre, o mesmo pedido?

Pedro parou alguns minutos para pensar, coçou a cabeça e depois respondeu sorrindo:

– Tenho sim! Uma moça que estuda medicina e entra aqui todos os dias, no mesmo horário, e pede quase sempre a mesma coisa para comer: suco de abacaxi e sanduíche natural.

– Que ótimo! – gritou Alfredo. – Então, preciso que me faça um favor.

– Pois então fale!

– Preciso de uma foto dessa moça. Não de uma foto de corpo inteiro, mas sim de seu rosto. Pode fazer isso por mim? Aqui está a câmera – disse ele, empurrando a máquina sobre a mesa.

– Mas por que você precisa de uma foto dela?

– Porque no meu trabalho eu afirmo que só as moças com menos de trinta anos mantêm hábitos diários.

– Sei... – disse Pedro, desconfiado de toda aquela conversa sem sentido.

Alfredo percebeu a desconfiança de Pedro e resolveu contra-atacar. Retirou do bolso algumas notas e colocou-as sobre a mesa.

– Isso é pra você, por estar me ajudando com minha pesquisa. Sei que não é muito, mas ajuda. O que me diz?

– É só para tirar a foto? – perguntou Pedro, olhando o dinheiro sobre a mesa.

– Tudo o que quero é o nome completo da moça e uma foto para o meu trabalho.

– E como vou conseguir isso?

– Ora, amigo, isso já é problema seu. Estou lhe dando bastante incentivo, não estou? – perguntou Alfredo, apontando para as notas.

– Tudo bem; vou ver o que consigo. Volte amanhã – falou Pedro, enquanto enfiava rapidamente as notas no bolso e pegava a câmera.

Alfredo estava feliz. Seu plano caminhava como esperado. Agora era só voltar no dia seguinte e pegar seu troféu. Comeu rapidamente e foi embora.

No dia seguinte, ele esperou que a jovem saísse da lanchonete e entrou em seguida. Procurou, nervoso, pelo atendente, fazendo-lhe um sinal com a mão enquanto se sentava para esperá-lo.

Não demorou para Pedro aparecer diante dele, o olhar desconfiado e as mãos trêmulas. Rapidamente, ele jogou um papel dobrado sobre a mesa, onde também colocou a câmera.

— Aqui está seu pedido. Espero não me meter em confusões por causa disso.

— Não se preocupe, amigo. Como já lhe disse, é apenas uma pesquisa universitária.

— Pois sim! — resmungou Pedro, enquanto se afastava da mesa.

Alfredo pegou o papel e a câmera, e saiu apressadamente.

※

Trancado em seu quartinho de pensão, Alfredo sentou-se em frente ao computador, conectou a câmera e descarregou a foto. Ansioso, clicou nela para ampliá-la, maravilhando-se com o que viu...

A foto revelava um lindo rosto de mulher com lindos olhos azuis, tão azuis como um céu de verão. Alfredo ficou hipnotizado por aqueles olhos. Depois de meia hora olhando para a foto, lembrou-se do papel dobrado. Rapidamente, enfiou a mão no bolso e retirou o papel. Lentamente, ele o abriu e pôde finalmente descobrir o nome de sua amada... Maria Celeste.

— Ah! Maria Celeste, meu amor... Você vai me amar um dia — repetia ele sem parar.

Alfredo estava embevecido pela jovem. Imprimiu várias fotos de seu rosto e as espalhou pelas paredes. Para qualquer lugar que olhasse, via seus lindos olhos azuis seguindo-o. Estava obcecado por Maria Celeste.

De repente, um estranho pensamento percorreu o cérebro de Alfredo: "E se ela já for comprometida com alguém?" Esse pensamento era uma tortura para ele; tremia só de pensar na possibilidade de outro homem tocar sua amada.

Tinha que ter certeza de que era o único homem em sua vida e, para isso, aumentou a vigília. Ele a seguia até em casa, para a faculdade e rumo ao hospital. Nos fins de semana, quando a jovem saía com os amigos, lá estava ele também.

Um dia, já beirando a loucura, para ter certeza de que ela não se relacionava com ninguém do hospital, chegou ao cúmulo de cortar o próprio braço, só para ter um motivo para entrar e ser atendido no hospital.

Foi aí que aconteceu... Alfredo estava com o braço enrolado em uma toalha cheia de sangue, na sala de espera do hospital. De repente, Maria Celeste surgiu no final do corredor e seguiu até onde ele estava. O moço ficou paralisado; ela se aproximava, e ele não sabia o que fazer. Até então, tudo o que queria era apenas observar de longe seu amor, e não ter qualquer tipo de contato com ela. Mas não houve jeito.

Calmamente, ela se dirigiu até ele com um sorriso nos lábios.

– O senhor pode ficar tranquilo; vou atendê-lo imediatamente. Como é seu nome?

Alfredo não conseguia pensar no que responder. Cogitou se passar por mudo, mas já havia conversado com a moça da recepção. Aflito, começou a gaguejar:

– Jo... ão... Meu nome é João.

– E como foi que o senhor se machucou?

– Eu... caí no banheiro e... e cortei o braço no *box* de vidro.

– Certo. Posso dar uma olhada no ferimento?

Meio indeciso, Alfredo esticou o braço machucado. Ela retirou a toalha e verificou o tamanho do estrago.

– É... foi um corte profundo. Vamos ter que suturar. Venha comigo, por favor.

A jovem seguiu pelo corredor e entrou em uma sala. Alfredo, calado e suando frio, acompanhou-a.

– Por favor, sente-se aqui, senhor João, e coloque seu braço sobre a maca. Vou pegar os instrumentos para começar o procedimento.

Alfredo acompanhava todos os movimentos da jovem. Era como se assistisse a um balé mágico. Ela se movia graciosamente, e Alfredo contemplava cada movimento.

– Agora, senhor João, peço ao senhor que tenha muita calma. Vou lhe aplicar uma anestesia local para começar a sutura. O senhor tem medo de injeção?

– Não! – respondeu ele secamente.

– Que bom. Isso facilita muito o meu trabalho.

Maria Celeste segurou com firmeza o braço de Alfredo e aplicou-lhe a anestesia. O moço não sentiu nenhuma dor, apenas o toque suave das mãos da jovem em seu braço. Aquele momento foi mágico para Alfredo. Estava a sós com sua amada, de braços dados com ela. Parecia até um sonho. Nem percebeu quando ela terminou o curativo.

– Pronto! Agora o senhor vai tomar esse medicamento que vou lhe prescrever e vai voltar daqui a dois dias para trocar o curativo. Certo?

– Certo!

– Então está bem. Até logo e boa sorte. – Despedindo-se, a jovem saiu da sala.

Anestesiado, não pela injeção, mas pelo toque suave da jovem em sua pele, Alfredo voltou para casa andando nas nuvens. Sua alegria só não foi mais completa porque, no restante do tratamento, ele foi atendido por um enfermeiro.

Alfredo estava a ponto de enlouquecer. Depois daquele encontro com Maria Celeste no hospital, seu desejo de apenas olhá-la foi substituído por um desejo incontrolável de possuí-la. Aquela mulher tinha que ser sua a qualquer preço. Mas, como fazê-lo? Ela, pelo que ele investigara, era moça de família rica, bonita, inteligente e futura médica. Ele, apenas um rapaz sem graça, comum como tantos, filho de mãe solteira e com pouco estudo. Como ela poderia se apaixonar por ele?

Se ele lhe dissesse que a amava, com certeza ela riria dele e o mandaria embora. Seria a maior humilhação de sua vida. Não, isso não poderia acontecer. Mas então...?

Esses pensamentos consumiam o espírito de Alfredo. Desesperado, ele passou a beber, na tentativa de esquecer a mulher amada. A tática não estava funcionando; ele continuava a pensar e a sonhar com ela, mesmo bêbado. Maria Celeste tornou-se a obsessão de sua vida.

Por estar se embriagando todas as noites, Alfredo começou a faltar no trabalho e, quando aparecia, não conseguia se concentrar. Não demorou muito, e Alfredo foi despedido. Desempregado, ele passou a ter mais tempo livre para obsediar a jovem.

Porém, sem emprego, não tinha mais dinheiro para pagar as contas. Logo Alfredo perdeu também seu quartinho na pensão. Chegando uma tarde em casa, encontrou um papel pregado na porta – era uma ordem de despejo por falta de pagamento do aluguel. Ele tinha quinze dias para desocupar o quartinho.

Sem saída, foi para a rua, na tentativa de encontrar um emprego e pelo menos salvar seu quartinho. Contudo, sem carta de referência, pois havia sido despedido por justa causa, e ainda por cima estando sempre embriagado, estava difícil encontrar um emprego. Após muito insistir, conseguiu um bico como entregador de pizzas, mas, no segundo dia no emprego, depois de ir trabalhar embriagado e cair da moto, foi despedido.

Era o fim para Alfredo. Se antes, com emprego e moradia, já considerava difícil ser aceito por Maria Celeste, imagine agora, desempregado, sem casa e viciado no álcool. Estava num beco sem saída.

❖

Era noite de sexta-feira e, como de costume, Alfredo estava na porta da faculdade esperando que a jovem saísse para poder vê-la. A noite estava fria, e Alfredo, embriagado. Quando os alunos começaram a sair, Alfredo ficou eufórico.

Não demorou para Maria Celeste aparecer, abraçada com um rapaz. Os dois pareciam íntimos, sorrindo e conversando alegremente. Ambos entraram em um carro e foram embora.

Alfredo ficou louco e desorientado. Aquela cena foi como um punhal sendo cravado em seu peito. Ver sua amada nos braços de outro foi um choque. Sua vida não tinha mais sentido; preferia a morte a vê-la nos braços de outro. Cambaleando, Alfredo voltou para casa. Quando chegou à pensão, encontrou o dono esperando por ele:

— Senhor Alfredo, o prazo para o despejo acabou. Pegue suas coisas e vá embora. Espero que o senhor faça isso em paz, caso contrário, terei que chamar a polícia.

Alfredo olhava para o homem e parecia não entender o que ele dizia.

— Senhor Alfredo? O senhor está entendendo o que estou lhe dizendo?

Sem responder, Alfredo entrou no seu quartinho e pegou apenas um agasalho e uma foto de Maria Celeste. Sem ter mais o que fazer ali, foi embora, cambaleando.

— Senhor Alfredo? O senhor não vai pegar seus pertences, sua roupa?

— Não quero! — balbuciou ele, a voz pastosa típica de quem está embriagado.

— O que faço com suas coisas? — quis saber o homem, apalermado.

— Jogue fora, doe para os pobres, sei lá! Pra mim pouco importa. Minha vida acaba hoje!

Alfredo então virou as costas para o homem e partiu.

✱

Sem um teto para onde voltar, Alfredo encaminhou-se para o único lugar que lhe era familiar: o bar.

Ele era assíduo frequentador daquele bar. Quando chegou, ninguém lhe cobrou nada, ninguém se interessou em saber como ele estava e ninguém se preocupou ao vê-lo perturbado.

Pediu um copo e uma garrafa para o garçom, sentou-se em uma mesa afastada e lá ficou, bebendo sozinho. As horas foram passando, e Alfredo amadurecia na cabeça a ideia de suicídio. Depois de um tempo ali bebendo, já havia se decidido: acabaria com a própria vida naquela mesma noite, e assim seus tormentos terminariam.

Ele pensou, ou pelo menos tentou pensar, em como morreria. Teria que ser algo rápido e indolor, já que tinha medo da morte.

Enquanto enchia o copo, repassava mentalmente possíveis formas de morrer dignamente e sem sofrer muito. Foi aí que sua atenção foi atraída para um caminhoneiro que entrava no bar.

– Milton, me serve uma branquinha no capricho que o dia foi duro – pediu o caminhoneiro ao garçom.

– Mas o senhor não vai voltar para a estrada, seu Barbosa? – perguntou o garçom, preocupado.

– Não, hoje não. Estou muito cansado para continuar dirigindo. Vou comer alguma coisa e parar para descansar. Dirigir à noite e cansado é complicado por aqui; são muitas curvas perigosas e sem sinalização, e, para piorar, muitas pessoas atravessam a pista de um lado para outro sem cuidado algum. Para causar um acidente ou atropelar alguém é rapidinho, não precisa pensar duas vezes.

– Tem razão, seu Barbosa! Na semana passada mesmo, um homem alcoolizado tentou atravessar a pista logo ali em frente e morreu atropelado por um caminhão. O coitado nem teve tempo de saber o que aconteceu.

Alfredo prestou atenção na conversa e, de repente, teve uma ideia: iria se jogar na frente de um caminhão. Estava resolvido; seria uma morte instantânea e sem dor. Tentou se levantar para sair dali, porém, quando ficou de pé, suas pernas bambearam e ele caiu sentado novamente.

Esperou um pouco, reuniu as últimas forças e conseguiu se levantar. Cambaleando, saiu do bar em direção à rodovia. Porém, não conseguiu andar mais que dois quarteirões antes de cair sentado na calçada. Sem conseguir mais se levantar, ficou ali, sentindo a cabeça girar.

Algum tempo se passou. À sua frente, na rua, desfilavam carros barulhentos e pessoas gritando. Sua cabeça doía. Com um esforço enorme, conseguiu ficar de pé e arrastar-se até um banco que estava a poucos passos à frente. Sentou-se, e ali permaneceu.

Algumas pessoas se aproximavam dele, conversavam entre si e iam embora. Outras entravam em uma coisa grande e barulhenta, e também iam embora. Ninguém prestava atenção em Alfredo. De repente, duas pessoas se aproximaram:

– Olhe ali, mamãe! Por que aquele homem está com aquela cara esquisita? Ele parece doente!

– Ele não está doente não, filhinha, está é bêbado! Sinta só o cheiro de álcool que vem dele. Sem-vergonha!

– Será que ele não precisa de ajuda, mamãe?

– Deus me livre! Nem pense em se aproximar desse vagabundo. Vamos embora; ele pode ser um bandido esperando para assaltar o ônibus. Vamos! Pegaremos o ônibus no outro ponto, lá na frente.

As duas se afastaram, e Alfredo ficou sozinho novamente. Não demorou muito, e um casal se aproximou.

– A culpa foi sua, Jorge! – gritava a moça.

– Minha? Quem é que estava de olho comprido para o cara da lanchonete? – respondeu o homem, aos berros.

– Você não tinha nada que ter batido nele. Ele não estava fazendo nada!

– Tem razão. Tinha que ter batido em você, que estava dando mole para ele!

– Deixe de ser ignorante! Não tenho culpa se você é ciumento.

– Você vai ver quem é ciumento quando chegarmos em casa. Lá eu te acerto! Eu é que não vou aceitar traição. Você é minha e de mais ninguém!

– Você é um monstro, Jorge! Não sei onde tava com a cabeça quando me casei com você. Cansei de tudo isso; vou embora! – A moça saiu correndo e chorando, e o homem foi atrás, gritando palavrões e ameaças.

A dor de cabeça de Alfredo só fazia piorar. Também, com todo aquele povo gritando em volta dele! Tinha que ir embora dali.

– Ai, minha cabeça... – gemeu, enquanto segurava a cabeça entre as mãos. – O que estou fazendo com a minha vida... – Alfredo então desabou num pranto dolorido.

Um jovem casal que passava por ali parou por um instante.

– Olhe, Mateus! Aquele pobre homem parece estar precisando de ajuda – a jovem falou, comovida.

– Vamos embora, Carolina! Não o conhecemos nem sabemos de suas intenções. Pode ser perigoso parar aqui a esta hora, sozinhos. Vamos! – chamou o rapaz, enquanto puxava a jovem pelo braço.

Alfredo ficou ali, sentado no banco frio, chorando sozinho. A noite estava fria, e a madrugada avançava. Depois de um tempo, uma ideia tenebrosa passou pela cabeça de Alfredo:

– Por que vou me matar e deixar aquela ingrata nos braços de outro? Se eu morrer, ela tem que morrer comigo. Isso mesmo! – gritou ele insanamente. – Vou matá-la primeiro, depois me mato também. Não vou deixá-la para trás. Se ela não for minha, não será de mais ninguém!

Um calafrio estranho percorreu seu corpo enquanto um prazer assustador nascia em sua mente:

– Ela tem que ser minha... Ela é minha e de mais ninguém... Eu sou o homem de sua vida... Ela é minha, só minha! – repetia ele sem cessar, em meio a seus delírios alcoólicos. – Não aceito traição! Como ela pôde me trair com outro, justo eu, que a amo tanto? Ingrata!

Alfredo tirou do bolso a foto de Maria Celeste e começou a conversar com o papel como se conversasse com ela:

– Por que você não quis ficar comigo, meu amor? Eu te amo tanto... E você preferiu ficar com outro... Maldita!

Enquanto falava, beijava a foto, já toda amassada e úmida, de um jeito nervoso.

– Se não ficar comigo, que te amo tanto – prosseguiu –, também não vai ficar com ele...

Alfredo amassou a foto e recolocou-a no bolso. Apoiando-se em um muro, conseguiu se levantar. Com a cabeça ainda doendo, foi se arrastando ao encontro de seu amor.

※

Já estava quase amanhecendo quando Alfredo conseguiu chegar à frente da casa de Maria Celeste. Ele estava resolvido a matar a jovem e depois se matar. No bolso, trazia um canivete, presente da firma de computação, para ser usado no trabalho. Sentou-se na calçada e pacientemente ficou esperando amanhecer.

Quando as luzes da casa se acenderam, tomou sua posição. Como ele conhecia todos os hábitos e trajetos da jovem, seria fácil pegá-la sozinha e desprevenida.

Alfredo se lembrou de uma construção abandonada, que ficava a poucos quarteirões. Ali seria construído um aglomerado de lojas, mas, com a falência da construtora, a obra ficara inacabada. Era o lugar perfeito. Àquela hora da manhã, quase ninguém passava por ali. Ficaria escondido atrás do muro e, quando ela passasse, ele a surpreenderia e a levaria para dentro. Ninguém os encontraria lá, só depois de mortos, é claro.

Quando Alfredo percebeu que a jovem estava saindo, correu até o local escolhido para o crime. A rua estava vazia, tudo parecia perfeito. Seu coração batia acelerado, prestes a sair pela boca, e sua cabeça doía cada vez mais, parecendo pronta para explodir a qualquer momento.

Ofegante, escondeu-se atrás do muro e ficou esperando. Logo tudo estaria terminado...

Não demorou muito e ouviu passos. Deu uma espiada por trás do muro e viu a jovem, que, despreocupada, caminhava alegremente. Com o canivete na mão direita, Alfredo se preparou para a emboscada. Quando a jovem passou por ele, agarrou-a pela cintura com a mão esquerda e colocou o canivete em seu pescoço. Com uma voz cavernosa, murmurou em seu ouvido:

– Não grite, ou eu te mato aqui mesmo!

Maria Celeste ficou petrificada de medo; seus músculos enrijeceram e a voz sumiu. Apavorada, ela pensou se tratar de um assalto. Sem alternativa, deixou-se levar pelo criminoso armado.

Alfredo arrastou-a para dentro da construção. O corpo da jovem tremia, enroscado em seu braço como se estivesse pendurado em um gancho. Naquele momento, percebeu como ela era frágil.

Quando chegaram lá no fundo e ele se certificou de que estavam longe o suficiente para não serem vistos nem ouvidos por ninguém, ele se deteve.

– Não se mexa nem vire para trás! – ordenou, a voz esganiçada.

– Tudo bem. Mas fique calmo, por favor! – gemeu ela entre soluços. – Sou estudante e não tenho muita coisa; pode levar minha bolsa e minha maleta médica.
– Cale-se! – gritou ele. – Você não sabe o que eu quero!
– O que você quer então? – perguntou ela num fio de voz.
– Você... – respondeu ele, com os olhos esbugalhados e uma voz ameaçadora.
Maria Celeste chorava de soluçar. Por um instante, Alfredo ficou perdido, sem saber ao certo o que deveria fazer. Ao mesmo tempo que queria matá-la, desejava também abraçá-la e enxugar seu pranto. Queria envolvê-la em seus braços fortes e protegê-la. Ele só queria que ela o amasse.
De costas para ele, a jovem chorava, ignorando seu triste destino. Por sua vez, Alfredo, assim tão perto dela, sentindo seu perfume suave, vendo seu corpo tremer, assustou-se com a ideia de matá-la. Como poderia matar seu bem mais precioso? Não, definitivamente não! Não era isso o que ele queria. Mas então...?
Foi neste momento que um pensamento terrível brotou em sua mente doentia. Tinha que possuí-la... Aquela mulher precisava ser sua... Ela tinha que lhe pertencer, de qualquer maneira.
Num impulso de puro desejo e desespero, Alfredo agarrou a jovem pela cintura e, alucinado, olhou hipnotizado para seus olhos azuis assustados. Maria Celeste tinha diante de si um homem com o olhar enlouquecido, barbudo e descabelado, dono de um rosto ameaçador e transtornado. Alfredo era a própria visão da morte.
Ele deixou-se dominar pelos seus desejos mais profanos e selvagens: jogou a jovem no chão, rasgou suas roupas com o canivete e saciou seu desejo animalesco...

※

Quando tudo se consumou, a cena que se via era assustadora. No chão duro e sujo, uma jovem assustada e encolhida chorava muito. Um pouco afastado, de pé, um homem com um olhar enlouquecido segurava na mão um canivete, que ele pensava usar em si mesmo. O choro da jovem ecoava em seu cérebro como um lamento triste. A visão da jovem encolhida no chão era como um punhal frio atravessando seu peito. Alfredo levou o canivete ao pescoço; não era digno de viver, não depois do que havia feito. Pressionou a lâmina contra a pele. Podia senti-la entrando em sua carne. Aquele seria o fim de sua vida miserável.

De repente, Alfredo parou. Não podia dar fim à sua vida ali, diante de sua amada. Ela não merecia ser testemunha de uma cena tão brutal e covarde como aquela. Alfredo enfiou o canivete sujo de sangue no bolso, virou-se e saiu correndo da construção. Precisava fugir o mais rápido possível, porém, quanto mais corria, mais alto se tornava o choro da jovem em sua mente perturbada. Durante anos, aquele choro seria o seu pior pesadelo.

Não demorou para chegar à rodovia, muito movimentada àquela hora do dia. Olhou os carros passando e decidiu que esperaria por um caminhão. Enquanto o fazia, percebeu que havia alguma coisa enroscada em sua mão. Quando olhou, viu uma correntinha de ouro com um pingente em forma de anjinho. Assustado, olhou aquilo sem compreender nada. Virou o pingente e viu que nele estava gravada uma palavra: "Céu".

Um calafrio percorreu o estômago de Alfredo. Aquela correntinha pertencia a Maria Celeste. Em seu ato de covardia, havia arrancado a correntinha do pescoço da jovem e nem se dera conta disso. Pôs-se então a chorar. O remorso cada vez mais corroía seu coração.

– O que foi que eu fiz, meu Deus? – gritava ele, desesperado, no acostamento da rodovia. – Sou um covarde miserável que merece morrer!

Nesse instante, um caminhão apontou no começo da curva sinuosa. Alfredo não pensou duas vezes: saiu correndo pela pista e atirou-se na frente dele.

EXPLICAÇÕES

– Nossa! – comentou uma aluna. – Que história horripilante! Com certeza não tem como acabar com um final feliz.

– Engano seu, minha jovem. A história ainda não acabou – respondeu José Ernesto com um sorriso fraternal nos lábios.

– Puxa! E o que ainda tem para acontecer?

– Eu contei para vocês apenas a parte que se passou no mundo físico. Ainda não conhecem a história pelo ponto de vista espiritual.

– Tem razão, irmão José Ernesto – retrucou o aluno Roberto, convicto de que a culpa de tudo era do mentor espiritual, que não havia cumprido com seu trabalho. – Onde estava o mentor desse rapaz, que deixou que tudo isso acontecesse?

– Onde mais ele poderia estar, Roberto, senão ao lado do seu pupilo? – respondeu José Ernesto tranquilamente.

– Mas então...?

– Bom, vou detalhar agora para vocês o que estava acontecendo no mundo espiritual, enquanto isso tudo acontecia na Terra. Vamos analisar os motivos que levaram Alfredo a proceder dessa maneira tão agressiva.

– Acho que os vícios mundanos, como o irmão mesmo explicou, contribuíram para que tudo isso acontecesse – adiantou-se mais uma vez Roberto.

– Alfredo era um bom rapaz. Filho de mãe solteira, criou-se no interior. Com muito esforço e trabalho de sua mãe, o jovem conseguiu um diploma do curso técnico. Como a cidade onde morava não oferecia muitas possibilidades e bons empregos, Alfredo se mudou para a capital, onde conseguiu emprego em uma pequena empresa de computação. O jovem não era muito religioso nem dado a orações. Tímido e fechado, Alfredo não tinha muitos amigos. Como seu salário era suficiente apenas para seu sustento básico, não costumava sair muito de casa. Passava a maior parte de seu tempo livre atrás de um computador: diversão barata e popular que deixa ocupada a maioria dos encarnados.

– Com certeza, esse não é o comportamento de um rapaz saudável e normal; ele devia sofrer de alguma doença psicológica, como depressão, por exemplo – adiantou-se ainda esta vez Roberto.

– Com certeza. Não demorou muito e Alfredo começou a desenvolver sintomas de depressão: perda de interesse, sentimento de fracasso, pessimismo, inquietação, pena de si mesmo, persistência de pensamentos negativos, entre outros. Logo, Alfredo passou a ser assediado por irmãos desencarnados com o mesmo tipo de pensamentos e sintomas.

– Quer dizer que ele atraiu esses espíritos pela sua faixa vibratória depressiva? – perguntou uma aluna.

– Isso mesmo. A aura de Alfredo passou a ser um chamariz para os espíritos que vibravam como ele. Começou a ser assediado por vários espíritos depressivos, o que tornou sua vida mais difícil e angustiante. A única coisa que ainda prendia a atenção de Alfredo era o trabalho, pois, sem ele, não conseguiria se manter na capital. De resto, Alfredo não via mais graça em nada na vida.

– E o que estava fazendo o mentor dele para ajudá-lo? – insistiu Roberto.

– Seu mentor estava a seu lado, fazendo de tudo para que Alfredo mudasse seu padrão vibratório e pudesse se livrar de tais companhias. Seu mentor intuía os colegas de trabalho para que estes convidassem Alfredo para jogar bola nos finais de semana, ir até uma lanchonete depois do expediente, assistir a um filme no cinema, porém, Alfredo sempre recusava os convites.

– Mas seu mentor não podia expulsar os espíritos inferiores e depressivos que o acompanhavam? – perguntou Roberto.

– Você se esqueceu do livre-arbítrio? Alfredo se acomodou com aquela situação e não fez nenhum esforço para mudá-la. Seu mentor não podia obrigá-lo a nada. O desejo de mudança teria que partir dele. E assim os dias foram passando, até que Alfredo foi designado para resolver um problema com os computadores da faculdade. Ao chegar, esbarrou em Maria Celeste.

– E, a partir daí, começaram os problemas! – afirmou um aluno.

– Isso mesmo; nossa história começa a se desenrolar a partir do encontro dos dois jovens.

– Mas por que tinha que ser justo com aquela moça? O que ela tinha de especial para provocar essa paixão repentina em Alfredo?

– Alfredo e Maria Celeste eram espíritos que já vinham tentando se acertar em outras encarnações. Ambos tinham dívidas a serem ressarcidas nesta vida.

– Quer dizer que os dois tinham que ficar juntos nesta encarnação? – quis saber Roberto.

– Não podemos afirmar que eles "tinham" que ficar juntos, pois não conhecemos as dívidas cármicas dos dois, mas, sim, eles precisavam se encontrar nessa encarnação para acertarem assuntos pendentes de outras vidas.

– Então o que aconteceu entre ambos foi um ajuste de contas do passado? – constatou uma aluna.

– Eu não disse isso! – afirmou José Ernesto com um sorriso.
– Falei que chegou ao meu conhecimento que eles tinham que se encontrar nesta encarnação para resolverem problemas pendentes do passado, e não que o que aconteceu, da forma como aconteceu, estivesse programado. Os dois precisavam se encontrar, isto é um fato. Agora, como as coisas se desenrolariam depois, dependeria da vontade e do livre-arbítrio de

cada um. Devemos lembrar sempre que somos responsáveis por todos os nossos atos.

– O que contribuiu para que o encontro dos dois terminasse daquela forma horrível? – insistiu a aluna.

– Lembrem-se de que eu disse que nosso irmão Alfredo estava com a vibração muito baixa e acompanhado de espíritos inferiores. Pois bem, ambos tinham que se encontrar nessa encarnação, passariam por muitas dificuldades, mas, no final, se seguissem com o que estava programado, venceriam.

– O que deu errado? – insistiu Roberto.

– Maria Celeste era uma jovem decidida; estudava e trabalhava muito. Em sua vida não havia espaço para depressão ou pensamentos ruins. Ela gostava do que fazia e suas vibrações eram muito boas. Por ser uma boa médica, que trabalhava com amor e gostava de ajudar aos mais necessitados, estava sempre acompanhada por espíritos de luz.

– Bem que Alfredo poderia ter aprendido alguma coisa boa com ela – afirmou uma aluna.

– Já nosso irmão Alfredo, sozinho em uma cidade grande, sem amigos para compartilhar a vida, desinteressado de tudo, acabou desenvolvendo um estado depressivo e se cercando de espíritos de baixa vibração. Quando os dois se reencontraram, o amor foi despertado em Alfredo, mas não em Maria Celeste, por isso essa obsessão incontrolável que ele desenvolveu pela jovem. Ele não conseguia entender por que havia se apaixonado por ela, tampouco por que ela era tão importante para ele. Quando tentou expressar esse amor, esbarrou em sua depressão e não teve forças para livrar-se dela.

– Entendi! – afirmou um aluno. – Em vez de lutar por seu amor, ele se colocou em uma posição inferior e passou a martirizar-se por isso.

– Exatamente! Por comodismo, e sem forças para se livrar daqueles sentimentos inferiores, preferiu viver escondido e agir sorrateiramente. Quanto mais Alfredo agia desse modo, mais se afundava nas sombras. Sendo assim, daí a abraçar a bebida foi rápido.

– Como se ele já não tivesse problemas suficientes... – declarou Roberto.

– Quando Alfredo passou a frequentar o bar e a beber, juntaram-se a ele outros espíritos de baixa vibração, só que agora viciados no álcool. Alfredo passou a ser acompanhado por espíritos inferiores, depressivos e viciados. O que já estava muito ruim ficou ainda pior. Negligente com o serviço, acabou sendo despedido. Sem dinheiro, as contas se avolumaram, e ele acabou perdendo também a moradia. Nosso irmão se afundava cada dia mais no vício. Quando chegou ao fundo do poço, em vez de tentar sair, escolheu a solução dos covardes: o suicídio. No primeiro momento, pensou em atentar contra a própria vida; depois, não querendo sofrer as consequências da morte sozinho, quis arrastar consigo Maria Celeste. Quanto mais ele tinha esses pensamentos sombrios, mais era dominado por espíritos inferiores. Envolvido pelo álcool e pelo entusiasmo dos espíritos que o cercavam, tomou coragem para fazer o que fez.

– José Ernesto, conte para nós o que aconteceu naquela noite, segundo a visão espírita – pediu o orientador Carlos.

– Quando Alfredo chegou ao bar, sua intenção era embebedar-se a fim de criar coragem para o suicídio. Contudo, embora quisesse morrer, tinha medo da morte, por isso procurava uma maneira fácil e indolor de se matar. Os espíritos depressivos que o incentivavam a cometer aquela loucura chamaram a sua atenção para a conversa do caminhoneiro, dando-lhe uma ideia do que poderia ser feito. Porém, ele se matar era um péssimo negócio para os espíritos viciados que o envolviam, uma vez que estes se beneficiavam dos vapores alcoólicos produzidos por seu corpo. Com a morte de Alfredo, eles perderiam um importante companheiro de copo. Assim, tentaram desviar a atenção de Alfredo, fazendo com que ele prestasse atenção na briga daquele casal no ponto de ônibus. Desta forma, Alfredo concentrou sua raiva na jovem que amava e passou a querer a morte dela também.

– Puxa vida! Eles são espertos mesmo! – assustou-se Roberto diante daquela descoberta.

– Enquanto os espíritos inferiores lutavam para assumir o controle do corpo embriagado de Alfredo, seu mentor e espíritos protetores tentavam fazê-lo mudar de ideia e desistir daquela loucura. Sem conseguir transpor a barreira energética negativa de Alfredo, tentaram mobilizar pessoas que estavam próximas a ele, na tentativa de conseguir ajuda.

– Foi por isso que a menina e a moça quiseram ajudá-lo? – perguntou, curiosa, uma aluna.

– Isso mesmo. Naquele momento, a criança e a jovem tornaram-se receptivas aos pedidos de ajuda dos espíritos de luz; no entanto, a energia emanada de Alfredo era tão densa, que acabou assustando os encarnados que as acompanhavam. Desta forma, ambas não tiveram forças suficientes para interferir naquela situação.

– E quanto a Maria Celeste? Por que ela teve um destino tão cruel como vítima de Alfredo? – perguntou Roberto.

– Como já disse antes, não tenho todas as respostas; só sei que nada acontece por acaso e tudo tem uma razão de ser. Se essas desavenças aconteceram com Maria Celeste, não foram com o intuito de castigá-la, e sim de contribuir para seu desenvolvimento espiritual.

– Eu não me conformo! – insistiu Roberto. – Onde estava o mentor de Maria Celeste, que deixou que tudo isso acontecesse com a pobre moça?

– Estava o tempo todo ao lado dela – afirmou José Ernesto calmamente.

– Então, por que ele não fez nada?

– Você acha realmente que ele não fez nada para ajudá-la?

– Ela foi estuprada, não foi? Então, o que ele fez de bom para ajudá-la? – desabafou Roberto, já pensando em poucas e boas para dizer ao mentor de Maria Celeste, caso um dia viesse a encontrá-lo.

– Impediu que ela fosse assassinada. Como acha que Alfredo desistiu da ideia de matá-la? – respondeu José Ernesto com tranquilidade.

— Tem razão! Eu não havia pensado deste modo. Desculpe-me — disse Roberto, cabisbaixo.

— Ora, não se envergonhe em expor seu ponto de vista. Vocês estão aqui para aprender. E, depois, seria muito constrangedor se vocês me deixassem aqui falando sozinho — falou José Ernesto com um sorriso fraternal.

— Por favor, irmão, continue sua história. O que aconteceu depois com nossos amigos encarnados? — perguntou o orientador Carlos, a essa altura já completamente absorvido pela narrativa de José Ernesto.

※

Alfredo acordou meio zonzo. Sua cabeça doía muito e tudo ao redor parecia estar girando. Com dificuldade, abriu os olhos e observou que estava em um quarto, deitado em uma cama. Tentou se mexer, mas seu corpo todo doía; parecia até que tinha sido atropelado por um caminhão. Com muito esforço, tentou se lembrar do que havia acontecido para estar ali, onde julgava ser um hospital. Esforçou-se para pensar, mas sua cabeça doía demais. Desistiu e resolveu esperar que alguém aparecesse para ajudá-lo. Logo, Alfredo adormeceu novamente.

Tempos depois, Alfredo acordou de novo. Continuava com as mesmas sensações de antes, mas, desta vez, conseguira observar que ao seu lado havia alguém esperando que ele acordasse. Sua visão, porém, estava turva, e ele não pôde ver direito quem estava ali. Tudo o que percebeu era que se tratava de um homem, vestido com um uniforme branco. Alfredo julgou ser o médico que o atendia ali e puxou conversa com ele:

— Onde estou? O que aconteceu comigo?

— Olá, meu irmão! Como está se sentindo hoje?

— Estou todo dolorido, doutor. Até parece que fui atropelado por uma jamanta!

— Este sentimento é natural no seu estado, mas não se preocupe; logo estará melhor.

— Estou em um hospital, não estou, doutor?

– Sim, meu amigo, está.
– Como vim parar aqui?
– Você foi trazido por amigos muito especiais.
– E o que aconteceu comigo?
– Você está um pouco cansado; precisa descansar bastante para se recuperar logo.
– Minha doença é grave, doutor?
– Nada que um pouco de amor e carinho não cure!
– O senhor é quem vai cuidar de mim?
– Isso mesmo, meu irmão. Sou eu quem vai cuidar de você enquanto estiver aqui.
– Vou ter que ser operado ou coisa assim?
– Não, isso não será necessário. Tudo o que precisa fazer agora é descansar.
– É, realmente estou muito cansado.
– Então durma, que ficarei ao seu lado.

Alfredo sentiu os olhos pesados e, aos poucos, eles foram se fechando. Não demorou muito e já estava dormindo novamente.

※

– E então, doutor? Alguma melhora?
– Não. Ele continua estável.
– É um verdadeiro milagre ele ter sobrevivido a um acidente tão grave como aquele. Ainda não compreendo como ele continua vivo.
– Ah, minha cara! Estes são os mistérios divinos, aos quais não temos acesso.
– Ele continua em coma profundo, doutor?
– Sim, continua. E não temos previsão de quando ele vai acordar. Se é que vai acordar.
– Bom, pelo menos assim ele não sente dor, pois seu corpo está bastante machucado.
– É verdade! Quem sabe amanhã ele não mostra algum tipo de melhora?
– Vamos rezar para isso, doutor. Vamos rezar!

Alfredo acordou um pouco melhor. Sua cabeça ainda doía, mas o quarto tinha parado de girar. A visão estava mais nítida. Assim que despertou, viu que o médico estava ao seu lado, como havia prometido. Alfredo sentia-se mais calmo.

– Bom dia, meu irmão. Como está se sentindo hoje?
– Estou bem melhor, doutor, obrigado.
– Que bom! Isso é sinal de que você está se recuperando bem.
– Doutor, o senhor não vai contar o que aconteceu comigo?
– Quando chegar a hora apropriada, você saberá de tudo, meu irmão!
– Posso me levantar?
– Você acha que consegue?
– Acho que sim.

Com esforço e ajuda do médico, Alfredo conseguiu se sentar na cama.

– Puxa, que bom! Já estava cansado de ficar deitado. – Alfredo passou os olhos pelo quarto simples. – Doutor, há quanto tempo estou aqui?
– Já tem algum tempo.
– Nossa, eu poderia jurar que foram apenas algumas horas. Quando vou poder ir para casa?
– Assim que estiver recuperado.
– Doutor, estou achando tudo isso aqui muito estranho. Se estou doente, não deveria estar tomando remédios e injeções? E o soro? Cadê o soro, doutor?
– Você acha que precisa tomar remédios e injeções? Quer realmente tomar soro?
– Bom... Acho que não, afinal, não estou tão ruim assim.
– Que bom! Porém, se quiser, eu mando colocar um soro em você, se achar que assim vai se sentir melhor.
– Não, doutor, não precisa não; estou bem assim, obrigado!
– Alfredo estava todo atrapalhado, pois não estava entendendo

esse tipo de tratamento tão diferente do que ele estava acostumado a ver nos hospitais públicos.

– Você é quem sabe. Se quiser, eu providencio – disse o médico, sorrindo ao ver a cara de espanto de Alfredo.

– Vamos mudar de assunto, doutor. Eu posso sair do quarto?

– Calma, irmão! Ainda se faz necessário um pouco mais de repouso de sua parte.

– Está certo. Diga-me uma coisa, doutor: este hospital onde estou é conveniado com algum órgão público de saúde? Porque não tenho plano de saúde nem dinheiro para pagar a internação!

– Não precisa se preocupar com isso; tudo já foi providenciado. Agora, você precisa de um pouco mais de repouso. Deite-se, por favor.

– Outra vez, doutor? Mas estou me sentindo melhor!

– Você está bem, porque está em repouso. Agora, volte a dormir, e eu lhe prometo que, quando acordar, conversaremos sobre o que aconteceu para estar aqui. Concorda?

– Promete mesmo, doutor?

– Prometo! Agora, deite-se e descanse.

– Só mais uma coisa, doutor. Como o senhor se chama?

– Marcos.

– Tudo bem, então. Até breve, doutor Marcos.

– Até breve, Alfredo.

Alfredo deitou-se e rapidamente adormeceu.

✻

– E então, doutor? Como está nosso paciente hoje?

– Por incrível que pareça, está reagindo, enfermeira!

– Realmente, é um milagre ele estar vivo e se recuperando! Alguma previsão para sair do coma induzido?

– Talvez, se ele continuar mostrando melhoras, possamos suspender a medicação para ver como ele reage.

– A polícia já descobriu quem é ele?

– Sim, ele se chama Alfredo. Os policiais que atenderam à ocorrência acharam a carteira com os documentos dele. Estavam tentando localizar os familiares. Acharam a mãe em uma cidade do interior; ela já está a caminho da capital.

– Que bom! Tendo a família por perto, as coisas sempre melhoram.

– Assim espero, enfermeira. Assim espero!

✹

Alfredo acordou melhor do que nos dias anteriores. Estando sozinho no quarto, sentou-se na cama e esperou a chegada de seu médico. Não demorou muito para Marcos aparecer, sorridente.

– Bom dia, Alfredo! Como está se sentindo hoje?

– Muito bem! Acho até que mereço ter alta para poder voltar pra casa.

– Que bom! Fico feliz em saber disso.

– O senhor acha que vou receber alta em breve?

– Isso só depende de você, meu irmão. Mas acalme-se; tudo no mundo tem um tempo certo para acontecer. Porém, o que me trouxe aqui hoje foi outro motivo. Lá fora tem um amigo seu que quer lhe fazer uma visita.

– Amigo meu? Que estranho! Não tenho amigos que possam estar preocupados comigo.

– Pois este é um amigo muito especial. Ele quer conversar com você. Posso mandar entrar?

– Por favor, doutor!

A porta do quarto se abriu, e um homem vestido de branco, envolvido em uma luz suave, entrou sorridente no quarto.

– Olá, Alfredo. Como está se sentindo?

– Bem. – Alfredo encarou o homem. Por mais que se esforçasse, não conseguia reconhecê-lo. – Desculpe-me, mas o doutor Marcos me disse que você era um amigo. No entanto, por mais que me esforce, não consigo me lembrar de você. Embora sua fisionomia me seja familiar...

– Não se preocupe com isso, Alfredo. Eu vim aqui para conversarmos; tenho certeza de que, quando acabarmos nossa conversa, você se lembrará de tudo.
– Bom, acho que meu trabalho aqui já terminou – disse o doutor Marcos, dirigindo-se para a porta. – Se precisarem de mim, é só chamar.
– Obrigado, doutor, por ter cuidado de mim durante esses dias – agradeceu Alfredo.
– Eu só fiz o meu trabalho – respondeu o doutor, enquanto cruzava a porta.
– Certo! Agora o assunto é entre nós dois. Por favor, Alfredo, me acompanhe.
O homem se dirigiu à porta. Alfredo desceu da cama e o acompanhou em silêncio. "Espero que o assunto não seja sobre a conta do hospital", pensou Alfredo, preocupado.
Os dois cruzaram um longo corredor e pararam diante de uma porta fechada. O homem a abriu e convidou:
– Entre, por favor.
Alfredo entrou meio ressabiado. A sala era pequena, toda branca e sem janelas. Uma suave luz desprendia-se do teto. No meio da sala, três cadeiras estavam dispostas em círculo e, em uma delas, havia um senhor todo vestido de branco.
– Sente-se, por favor – disse o homem, indicando a cadeira.
Alfredo sentou-se. Seu acompanhante também o fez logo em seguida.

※

– Enfermeira Marlene, tenho uma ótima notícia para você.
– Pois fale, doutor!
– Os aparelhos do nosso amigo Alfredo foram desligados. Ele não está mais em coma induzido.
– Que bom, doutor. Isso quer dizer que ele pode acordar a qualquer momento!
– Agora, só depende dele, enfermeira.

– Alfredo, não se assuste; estamos aqui apenas para conversar e fazê-lo entender melhor algumas coisas que aconteceram em sua vida nos últimos dias.

– Desculpe-me, mas não consigo me lembrar muito bem do que aconteceu. Será que estou com problema de memória?

– Não. É normal ter lapsos de memória depois de passar por momentos traumáticos.

– Desculpe-me de novo, mas não entendo.

– Logo você entenderá. Agora, confie em mim e preste atenção no que você tem que fazer.

– Isso é algum tratamento psicológico? Este senhor é psicólogo?

– Não. O irmão Jonas está aqui apenas para nos dar sustentação. Vamos precisar da doação de muita energia para executar nosso trabalho.

– Se isso não é uma avaliação psicológica, então eu não compreendo.

– Não tem problema; faça apenas como eu lhe orientar. Feche os olhos e concentre-se. Aos poucos, você vai conseguir recuperar sua memória e entender o que aconteceu.

– Eu estou com medo!

– Não tenha. Nada de ruim vai lhe acontecer; só queremos que recupere a memória e entenda o que aconteceu. Confie em mim, certo?

– Certo!

– Então feche os olhos e concentre-se em minha voz; eu o guiarei na recuperação de sua memória.

Alfredo fechou os olhos e tudo ficou em silêncio. Não demorou muito e alguns borrões começaram a tomar forma em sua mente:

– Alfredo, concentre-se, e as imagens tornar-se-ão nítidas em sua mente.

Como num passe de mágica, sob o comando da voz do homem misterioso, a mente de Alfredo se abriu, e ele começou a ver tudo com clareza, como se assistisse a um filme sobre sua vida.

– Alfredo, você se lembra de ter sido despedido do emprego?
– Sim!
– Então me conte o que está vendo.

Com um suspiro doloroso, como se estivesse hipnotizado, Alfredo passou a narrar o que via em sua mente:

– Eu me tornei um alcoólatra; perdi o emprego e o quartinho onde morava.
– Ótimo! O que mais está vendo?
– Estou num bar, alcoolizado. Em volta de mim, vultos estranhos e escuros me abraçam e dizem coisas em meu ouvido.
– Consegue entender o que eles dizem?
– Sim. Eles pedem que eu me suicide. Outros me pedem que eu beba mais.
– O que acontece em seguida?
– Eu saio do bar, completamente embriagado. Vou me arrastando até um ponto de ônibus e me sento.
– Conte-me o que acontece em seguida.
– Várias pessoas passam por mim. Algumas estão envolvidas em uma luz muito forte e tentam me ajudar. Mas as sombras que me acompanham não deixam.
– Depois...
– Depois eu me levanto e saio cambaleando pela cidade. Paro em frente a uma casa e fico olhando para ela.
– As sombras ainda o acompanham?
– Sim!
– E o que elas lhe dizem agora?
– Elas querem que eu mate uma moça que mora ali e que depois me mate também.
– O que você responde para elas?
– Que sim!
– Continue. Conte-me o que acontece depois que você concorda em matar a moça.
– Fico esperando a moça sair.
– Alfredo, você consegue ver a moça? Você a conhece?

— Sim! Eu a vejo e a conheço.
— Quem é ela?
— Maria Celeste, meu grande amor! Somos companheiros de vidas passadas. Tínhamos que ficar juntos nesta encarnação. Mas alguma coisa deu errado.
— O que deu errado?
— Não sei. Não consigo ver!
— Tente!
— Não! Eu não consigo!
Alfredo começou a se remexer na cadeira.
— Está bem, acalme-se. Agora, vá até o momento em que você chega à rodovia.
— Estou muito cansado, parado no acostamento. Estou triste. Um sentimento estranho se apossou de mim; sinto um aperto forte no peito. De repente, corro pela pista em direção a um caminhão que faz a curva.
— O que acontece em seguida?
— O caminhão me atropela. Estou caído no acostamento, ensanguentado. Não me lembro de mais nada. Minha mente ficou escura. Eu morri?
— Não, você não morreu!
— Então, o que aconteceu comigo?
— Todas as lembranças estão guardadas em sua mente. Você só tem que resgatá-las.
— Estou tentando, mas está difícil.
— Tente com mais força, você vai conseguir.
— Estou conseguindo ver novamente.
— Ótimo! O que você vê?
— Estou de pé, parado no acostamento. Ao meu redor, vejo homens vestidos de branco. Parecem ser enfermeiros envolvidos em uma luz muito forte. Você está lá também.
— Sim! O que mais?
— No chão, jogado aos meus pés, está meu corpo, todo ensanguentado. Passou-se algum tempo, e algumas pessoas chegaram em uma ambulância e levaram o meu corpo, que estava caído no chão. Engraçado...

– O quê?

– Estranho! O meu corpo inerte foi levado pela ambulância, mas eu continuo parado, de pé, no mesmo lugar! Uma de minhas mãos está suja de sangue; a outra segura uma correntinha.

– A quem pertence esta correntinha?

– Pertence a Maria Celeste.

– Por que a correntinha está presa em sua mão? O que aconteceu com Maria Celeste?

– Não!

– Não o quê?

– Não quero ver mais nada! Quero ir embora! Agora!

– Infelizmente, você tem que ver tudo, exatamente como aconteceu. Só assim vai conseguir se libertar dessa dor que dilacera seu coração.

– Não, eu não quero! Dói muito!

– Alfredo, concentre-se em minha voz e me responda: por que a correntinha está em sua mão?

※

– Doutor, venha depressa! O paciente está entrando em choque!

– O que aconteceu, enfermeira?

– Não sei! Ele estava bem; todos os sinais vitais estavam normais. De repente, começou a se debater, e seus batimentos cardíacos entraram em colapso.

– Rápido, tragam o desfibrilador. Temos que agir rapidamente, ou perderemos o paciente!

※

– Vamos, Alfredo. É preciso! Responda-me: por que a correntinha de Maria Celeste está em suas mãos?

— Estou em uma construção abandonada. Estou de pé, olhando uma jovem encolhida no chão, que chora muito. Seu choro é muito triste; ele entra em meu cérebro e faz minha cabeça doer. Quero ir embora. Não suporto mais ouvir essa moça chorando... Quero ir embora!
— Alfredo, quem é essa moça?
— Não sei!
— Sabe sim! Quem é ela?
— É... Oh, meu Deus, é Maria Celeste!
— O que você fez a ela?
— Eu... Eu não sei... Meu Deus... O que fiz? Nãããããooo!

Alfredo caiu em um pranto compulsivo. Todo o seu corpo tremia, e ele não conseguia se controlar. O homem misterioso se levantou e aplicou-lhe um passe calmante. Aos poucos, ele foi se acalmando e adormeceu.

❀

— E então, doutor? O que o senhor acha?
— Conseguimos, enfermeira. O quadro se normalizou novamente.
— Ele vai ficar bem, doutor?
— Tudo indica que sim. Só nos resta esperar...

❀

Alfredo acordou com a cabeça pesada e dolorida; fizera um esforço muito grande. No fundo de sua mente, ainda podia ouvir o choro triste de Maria Celeste. Abriu os olhos. Seu corpo estava cansado. Suspirou profundamente e sentou-se na cama. O homem misterioso estava sentado em uma cadeira ao seu lado.
— Olá, Alfredo. Sente-se melhor?
— Agora que minha memória voltou, estou pior do que antes.
— É natural! Mas não se preocupe; logo você estará melhor.

Alfredo olhou para aquele homem estranho e, ao mesmo tempo, familiar. Tentou vasculhar sua mente para ver de onde o conhecia. De repente, perguntou:

– Quem é você?

– Sou seu mentor espiritual!

– Você é meu o quê?

– Mentor espiritual, ou, se preferir, sou seu "anjo da guarda".

– Desculpe-me, mas não entendo.

– Eu compreendo sua falta de conhecimento sobre este assunto, afinal, você nunca seguiu nem praticou nenhuma religião. Vamos ver se fica melhor assim: sou aquele que é responsável por cuidar de você. E, desde já, vou avisando: você dá muito trabalho!

– É verdade, nunca tive uma religião. Mas me lembro de que, quando era pequeno e ia dormir, minha mãe rezava comigo a Oração do Anjo da Guarda.

– Pois este sou eu!

– Se estou vendo meu anjo da guarda, quer dizer que estou morto?

– Claro que não. Você ainda está vivo. Seu corpo material está na UTI de um hospital lá na Terra. Este que está aqui, na minha frente, conversando comigo, é seu corpo espiritual.

– Nossa, estou confuso! Quer dizer que tenho dois corpos: um está na Terra e o outro está aqui? Mas, afinal, onde é *aqui*?

– Não se preocupe; logo você se acostuma. Aqui é um hospital, localizado no mundo espiritual. Enquanto os médicos cuidam de seu corpo físico lá, cuidamos de seu espírito aqui.

– Certo! Mas o que vai acontecer comigo, agora que vocês sabem que sou um criminoso? Eu vou ser preso?

– Não! Não temos prisões por aqui.

– Então, como vocês punem os criminosos por aqui?

– Simples: através da Lei de Ação e Reação. Cada um é responsável pelos próprios atos. Chamamos isso de livre-arbítrio. Tudo o que fazemos, temos que prestar contas depois. A isso damos o nome de consciência.

– E o que eu vou ter que fazer para ficar em paz com minha consciência?

– Sua consciência está pesada, Alfredo? O que o aflige?

– Sinto-me o pior dos homens da face da Terra. Todas as vezes que fecho os olhos, vejo Maria Celeste encolhida e chorando naquele chão sujo. Seu choro triste não sai da minha cabeça.

– Bem, então temos um problema muito sério a ser resolvido!

– Por quanto tempo ficarei aqui?

– Até estar em condições de voltar para seu corpo físico.

– Eu vou ter que voltar?

– Mas é claro que vai!

– Espere um pouco; esclareça-me uma coisa: você disse que meu corpo físico está em um hospital. Aqui eu estou bem, não sinto nada. Mas como estou lá embaixo?

– Você tentou se matar, atirando-se na frente de um caminhão. Como acha que está seu corpo físico?

– Meu Deus, eu havia me esquecido dessa parte! Meu corpo deve estar todo moído.

– Você sobreviveu, o que já é um milagre!

– Vou ficar com alguma sequela grave? Paraplégico, sem um braço ou uma perna, ou alguma coisa do tipo?

– Quanto a isso, nada posso lhe informar.

– Por que eu sobrevivi? Por que não me deixaram morrer?

– Ainda não havia chegado sua hora de desencarnar! Você ainda tem muito serviço lá embaixo. Sua partida prematura traria muitos prejuízos, a você mesmo e àqueles que dependem de você na Terra.

– Mas quem precisa de mim para alguma coisa? Nunca consegui ajudar a mim mesmo, quem dirá outras pessoas!

– Isso faz parte de sua missão na Terra.

– E qual é essa missão?

– Desculpe-me, mas ainda é cedo para você saber. Tudo tem sua hora certa de acontecer.

– E se eu não quiser voltar? E se eu quiser ficar aqui?

– Sinto muito, você tem que voltar. Enquanto não cumprir o que você mesmo programou para sua vida antes de reencarnar, não pode ficar no plano espiritual.

– Mas eu tentei me matar! E se tivesse conseguido?

– Simplificando para você entender, agora estaria vagando no Umbral ou no Vale dos Suicidas.

– Que lugares assustadores são esses?

– Digamos que equivalem ao inferno dos católicos.

– Meu Deus!

– Agora que você já sabe o que tem que saber, preste atenção nas últimas orientações que tenho para você. Alfredo, você voltará para a Terra, se recuperará do acidente e se tornará a tábua de salvação na vida de muitas pessoas. No futuro, se reencontrará com Maria Celeste e terá a oportunidade de se redimir por todos os seus erros.

– Você vai voltar comigo?

– Sim, eu sou seu mentor espiritual; estou sempre ao seu lado.

– Mas eu vou poder te ver?

– Não, apenas em sonho.

– Então, como vou fazer para me lembrar de tudo o que tenho para fazer?

– Não se preocupe com isso; a vida dará um jeito e tudo se acertará aos poucos. Tudo tem seu tempo certo para acontecer!

– Estou com medo!

– É natural. Mas não se preocupe; estarei com você, assim como sempre estive. Tudo o que tem a fazer é tornar-se mais receptivo, para aceitar minhas orientações em forma de intuição.

– Você é aquela voz que fica na minha cabeça, mandando-me fazer isso ou aquilo?

– Mais ou menos isso. Sempre estou ao seu lado aconselhando-o e, quando você se faz receptivo aos meus conselhos, recebe-os como se fosse uma intuição ou um pensamento.

– Está bem. Vou ser mais receptivo, seja lá o que isso signifique.

– É simples: você faz a sua parte, e eu faço a minha. Entendeu?

Alfredo sorriu meio amargurado. Se soubesse de tudo isso antes, não teria cometido tantas bobagens na vida. Arrependia-se muito por não ter seguido uma religião, como sempre sua mãe o havia aconselhado.

– Quanta saudade eu sinto da minha mãezinha! Se tivesse ficado ao lado dela, nada disso teria acontecido. Não é?

– Quem somos nós para julgarmos os desígnios do Altíssimo? O bom é que Deus nunca abandona seus filhos e, por mais que erremos nesta vida, Ele sempre nos dá outra oportunidade para nos redimirmos e fazermos o que é certo. Deus sempre concede ao homem a oportunidade da regeneração, quantas vezes forem necessárias, para ele evoluir.

– Eu gostaria de aprender mais sobre esse assunto. Quem sabe eu não poderia ficar mais um tempo aqui, para aprender?

– Não se preocupe; você vai aprender, mas lá embaixo, na Terra. Em sua nova vida, você entrará em contato com uma doutrina chamada Espiritismo, e ela vai mudar seu modo de pensar.

– Confesso que estou com medo de voltar. Não sei o que me espera.

– Tudo o que vai acontecer com você é para o seu próprio bem; nada será para prejudicá-lo, mas sim para ajudá-lo. Pessoas boas e caridosas cruzarão seu caminho e o auxiliarão em sua missão.

– Vou ter fé e esperar.

– Nunca desanime; você não estará sozinho. Lembre-se de que eu estarei sempre ao seu lado, ajudando-o no que for possível.

– Obrigado por seu auxílio e amizade.

– Agora vamos. Faz-se necessária a sua volta para o corpo físico.

※

Na UTI do hospital, uma senhora com ar bondoso segurava calorosamente a mão de seu filho, que continuava desacordado.

Pacientemente, ela esperava... Foi com muita alegria que dona Mônica percebeu que os dedos do filho começavam a se mexer. Aos poucos, aquela mão, até outrora inerte, ganhava vida e apertava amorosamente a sua. Alfredo abriu os olhos e, com muita alegria e saudade, reconheceu sua mãe, sentada a seu lado, segurando-lhe a mão.

– Meu filho, que bom que você voltou!

Alfredo não conseguiu fazer outra coisa senão chorar compulsivamente...

CONSEQUÊNCIAS

Dona Mônica olhava aquele homem deitado na cama do hospital e não reconhecia nele seu filho amado. Dinho, como ela carinhosamente o chamava, era um menino muito alegre, embora tivesse crescido sem o pai. Quando o namorado de dona Mônica soubera de sua gravidez, não quisera assumir o compromisso de ser pai e sumira de sua vida para sempre. A família, no início, também não tinha aceitado a situação da filha como mãe solteira. Porém, quando puseram os olhos naquele bebê adorável e risonho, caíram de amores por ele. Alfredo recebera o mesmo nome do avô, e Dinho passara a ser o xodó da família.

Alfredo não se importava por não ter um pai; seu avô o mimava mais que um. Desde pequeno, o menino sempre havia ajudado dona Mônica em tudo o que podia. Cedo começara a trabalhar e, com muito esforço e dedicação, os dois haviam conseguido juntar algum dinheiro, que fora usado nos estudos do filho. Alfredo conseguira terminar o curso técnico e fora embora para a capital. Todo mês, Alfredo mandava dinheiro à mãe para ajudar nas despesas da casa. O filho de dona Mônica era um rapaz muito bom e carinhoso.

Quando seu avô morreu, Alfredo ficou muito perturbado. Com o avô, também se foi a alegria de viver de Dinho. O rapaz passou a ficar triste e desanimado.

Foi com muito pesar que dona Mônica não reconheceu seu filho naquele homem. Aquele que estava à sua frente, cabeludo e barbudo, com os olhos frios e distantes, sem expressão, não podia ser seu querido Dinho. Não! Realmente, alguma coisa muito grave havia acontecido com seu filho para ele se transformar naquele homem estranho. O que a cidade grande havia feito com seu menino?

※

Alfredo não reagia a nenhum estímulo. Depois que acordou do coma, passou a se comportar como um zumbi. Não falava, não se movia, não comia, enfim, não queria viver. Os médicos diziam que esse comportamento não tinha relação com o acidente. As sequelas foram duas pernas e um braço quebrados, um pulmão perfurado, várias costelas trincadas, escoriações pelo corpo e um traumatismo craniano, mas nada que pudesse gerar as consequências atuais.

Dona Mônica se entristecia cada dia mais com a situação do filho. Até promessa para o santo de devoção ela havia feito, porém, Alfredo não reagia. Parecia não querer mais viver; era um espectro do homem que fora no passado. Dava pena ver sua situação, definhando naquela cama de hospital.

Os médicos continuavam tentando de tudo. O pouco dinheiro que dona Mônica havia conseguido juntar para a viagem à capital e seu sustento por lá já estava acabando. Não tinha mais recursos para continuar onde estava. O jeito era transferir o paciente para o hospital da sua cidade no interior.

Dona Mônica, pessoa querida e respeitada na cidade onde morava, fez algumas ligações para seus conhecidos e conseguiu a internação de Alfredo no hospital local.

Assim, Alfredo foi transferido de hospital, e recomeçaram as tentativas de recuperação do jovem. Alfredo, porém, continuava sem reagir. A luz da vida de Alfredo se apagava aos poucos.

Desesperada, dona Mônica tentava de tudo para conseguir trazer seu filho de volta à vida. Sentia que seu filho partia...

※

    Um dia, dona Mônica saiu do hospital chorando, muito triste e abatida. Sem rumo, começou a caminhar pela cidade. Cansada, sentou-se no banco da praça e ficou contemplando o entardecer. Enquanto o sol se punha, ela orava e pedia a Deus uma solução para o caso de seu filho.
    Enquanto isso, no banco ao lado, dois homens conversavam:
    – E então, João, como está seu filho, o Leandro?
    – Ah, Paulo, está melhorando, com a graça de Deus. Cada dia que passa, ele fica um pouco mais forte. Acho que logo ele vai se recuperar.
    – Quem diria, hein, João? Quem viu seu filho prostrado, jogado naquela cama, não dava um vintém pela vida dele.
    – Tem razão, meu amigo. As drogas acabaram com a vida do meu filho. Ele havia tentado o suicídio duas vezes, sob efeito das drogas. No final, estava jogado na cama, parecendo um morto-vivo. Nem minha mulher achava mais que ele tinha salvação. E, no entanto, lá está ele, melhorando a cada dia. Camilo me disse que, se ele continuar reagindo assim ao tratamento, logo poderá voltar para casa.
    – Que felicidade! Fico contente por você e seu filho, meu amigo.
    – Obrigado, Paulo. Sua ajuda foi essencial para a recuperação do Leandro. Se não fosse você me indicar o Camilo, não sei o que seria do meu filho hoje.
    – Ah, deixa de bobeira, homem! Eu não fiz nada, apenas lhe dei o endereço. Quem correu atrás de tudo foi você.
    – Deixa de modéstia, Paulo. Você foi, diretamente, o responsável pela recuperação do meu menino, e eu vou lhe ser grato pelo resto da vida.

— Você não me deve nada, amigo. Apenas ajude alguém quando você puder, e estaremos quites. Agora vou embora, que minha mulher está me esperando para o jantar. Até logo, amigo. Dê lembranças minhas à sua senhora.

Com um aperto de mãos caloroso, os dois amigos se despediram. Dona Mônica ficou ali por algum tempo, remoendo aquela conversa.

※

Na manhã seguinte, dona Mônica foi até o hospital ver o filho. Como acontecia todos os dias, saiu de lá triste e abatida. Alfredo continuava do mesmo jeito. Naquele dia em particular, dona Mônica estava ainda mais triste, pois os médicos a haviam chamado para uma conversa e tinham desenganado Alfredo:

— Sentimos muito, minha senhora. Mas, se seu filho não reagir nas próximas semanas, não poderemos fazer mais nada por ele. O caso é muito grave, e não sabemos mais o que fazer para ajudar. Tudo o que a medicina moderna oferece nós tentamos, porém, ele não reage a nada. Parece que seu filho decidiu morrer. Se ele não colaborar, estamos de mãos atadas. Talvez a senhora devesse procurar uma ajuda espiritual, quem sabe não seria o caso, pois nós não sabemos mais o que fazer.

Aquelas palavras caíram como uma bomba sobre a cabeça de dona Mônica. Se os médicos não sabiam mais o que fazer para ajudar seu filho, o que ela, uma pobre aposentada ignorante, poderia fazer? Angustiada, saiu chorando do hospital.

Depois de andar muito, sentou-se novamente no banco da praça e desabou num pranto sofrido. Ali ela chorou, chorou muito, até não ter mais forças nem mesmo para derramar lágrimas. Quando tudo parecia perdido, Deus enviou uma mão amiga para consolá-la.

Dona Mônica sentiu uma mão carinhosa apertar seu ombro. Assustada, levantou a cabeça e deparou-se com um homem de pé a seu lado. O estranho lhe sorriu e falou:

– Com licença! Desculpe o incômodo, mas a senhora não é a mãe daquele moço que está no hospital e no qual os médicos não conseguem dar jeito?

– Sim... – respondeu dona Mônica, meio confusa. – Por quê?

– Mais uma vez, desculpe pelo incômodo. Sei que não é da minha conta, mas talvez eu possa ajudar seu filho!

Dona Mônica ficou assustada. Quem era aquele homem que se dizia capaz de ajudar seu filho? Só se ele fosse um enviado dos céus! Será que Deus finalmente tinha ouvido suas preces?

– Bem... Eu acho que a senhora não me conhece, mas eu ouvi falar do caso de seu filho; aliás, na cidade, não se fala de outra coisa. A senhora sabe como é cidade pequena: todo mundo enfiando o bedelho na vida do outro. Mas, se me permite, gostaria de trocar algumas palavrinhas com a senhora. Posso?

– Claro! Sente-se, por favor. Toda ajuda é bem-vinda.

O homem sentou-se, e dona Mônica examinou seu semblante. Aquele homem lhe era familiar...

– Meu nome é João, e, assim como a senhora, enfrentei um problema semelhante com meu filho, o Leandro, há alguns meses.

– Achei mesmo que o senhor não me era estranho. Não era o senhor que estava ontem sentado aqui no banco, conversando com outro homem sobre o caso de seu filho?

– Isso mesmo! Foi aquele homem, o Paulo, que me ajudou quando eu estava desesperado. Ele me indicou um lugar onde pude pedir ajuda para meu filho. Quando fomos embora, reconheci a senhora, mas fiquei com vergonha de puxar conversa. Hoje, quando passava novamente pela praça, observei que a senhora estava chorando. Tomei coragem e resolvi vir até aqui. Porém, se a senhora não quiser conversar comigo, vou embora, sem problemas.

– Não, por favor! – disse dona Mônica, quase gritando, enquanto agarrava a mão do desconhecido. – Fique e me diga como posso ajudar meu filho!

– Antes de qualquer coisa, para a senhora entender direitinho tudo o que vou lhe explicar, preciso contar o que aconteceu com meu filho. Posso?

– Claro! Tenho todo o tempo do mundo; pode começar!

João acomodou-se no banco, ao lado de dona Mônica, e começou a contar sua história:

– Meu filho era um bom rapaz, trabalhador e honesto. Vivia para a família, até que um dia arrumou um amigo novo no trabalho. Não demorou muito, e meu filho começou a ter um comportamento estranho, bem diferente de antes. Ele estava mudado, isso era um fato, só que nós não conseguíamos descobrir o porquê. Até que um dia meu filho chegou em casa acompanhado da polícia; ele havia sido preso por estar roubando. Quando eu o apertei em busca de uma explicação, ele me confessou que estava usando drogas.

João parou e respirou fundo; parecia reviver aqueles dias tristes de sua vida.

– Isso tudo foi um grande choque. Meu filho, para mim, era perfeito, e, depois, éramos tão amigos! Como ele podia ter se perdido dessa forma sem que eu percebesse? Foram dias tristes e sombrios para mim e minha família. Após muita conversa, meu filho aceitou a internação para reabilitação. Foi então que os problemas recomeçaram. Sem as drogas, ele se tornou um trapo humano: não comia, não tomava banho, não saía do quarto. Jogava-se na cama e lá ficava prostrado o dia inteiro. Não queria mais estudar nem trabalhar. Tentou o suicídio por duas vezes. Aquele ser que vivia jogado na cama nem de longe se parecia com meu filho amado.

Ele fez uma pausa, antes de prosseguir:

– Sem se alimentar, ficou fraco e acabou internado. No hospital, não reagia ao tratamento; era como se quisesse morrer. Os médicos insistiram, fizeram tudo o que podiam, mas ele não reagia. Eu e minha mulher ficamos desesperados. Leandro era nosso filho mais velho, meu xodó; eu morreria pelo meu filho. No entanto, estava assistindo à morte dele sem poder fazer nada.

– Eu sei como é triste ver o filho ali, morrendo, e a gente só olhando, sem poder fazer nada. É desesperador!

– Se é! Um dia, cheguei ao trabalho chorando feito um desesperado; todos me olhavam assustados. Foi quando o Paulo se aproximou de mim e disse que podia me ajudar. Meu coração se encheu de esperança, e eu bebi as palavras dele como uma poção mágica que pudesse me livrar de todos os meus sofrimentos. Eu o ouvi com atenção e fiz tudo o que ele me disse. O resultado a senhora já conhece: meu filho, graças a Deus, está se recuperando e logo vai voltar para casa.

– Então, seu João, por favor, me diga o que tenho que fazer para ter meu filho comigo novamente – pediu dona Mônica com desespero.

– Tenha calma, dona, que vou explicar tudo direitinho para a senhora! Primeiro, me diga uma coisa: qual é a sua religião?

– Sou católica. Mas o que isso tem a ver com a recuperação do meu filho?

– Nada não! É que tem gente que não aceita muito bem o que vou lhe dizer, por isso perguntei se a senhora tinha alguma religião.

– Prossiga, por favor, seu João!

– Bom, tem um lugar aqui na cidade, eu não sei se a senhora já ouviu falar: a Casa dos Aflitos?

– Já... Eu acho que já! Não é lá que eles mexem com espíritos e atendem pessoas desequilibradas?

– Mais ou menos isso. A Casa dos Aflitos funciona como um hospital que atende pessoas com problemas físicos, mentais e espirituais.

– Explique-me melhor, por favor. Como assim: pessoas com problemas espirituais?

– Olha, eu ainda não entendo muito bem do assunto, também estou estudando para melhor compreender, mas vou explicar para a senhora o que eu sei. Aprendi, frequentando a casa, que somos influenciados pelos espíritos de pessoas que já morreram, sejam eles bons ou ruins. Quando são bons, eles nos ajudam; quando são ruins, nos atrapalham. Aos espíritos ruins que nos atrapalham eles dão o nome de espíritos obsessores. Quando uma pessoa viva é envolvida por um espírito ruim, ela passa a ter um comportamento estranho e, se essa pessoa não é ajudada, pode vir a ter sérios problemas na vida.

– Credo em cruz, Ave Maria! – disse dona Mônica, fazendo o sinal da cruz.

– Se a pessoa não for tratada e a obsessão durar muito tempo, ela pode até tentar o suicídio ou simplesmente morrer. Foi o que aconteceu com meu filho. Ao que parece, essas pessoas sabem como conversar e lidar com esses espíritos obsessores. Eles conversam com eles e os mandam embora. Sem a interferência desses espíritos ruins, as pessoas melhoram, e o tratamento médico começa a fazer efeito. A senhora está me entendendo?

– Sei lá! Acho que sim... O senhor está querendo me dizer que meu filho está daquele jeito porque está sob influência de espíritos ruins?

– É o que parece! Para que a senhora tenha certeza, teria que conversar com o irmão Camilo; é ele quem administra a casa.

– E como eu faço para conversar com ele?

– Se a senhora quiser, eu lhe dou o endereço.

– Pois é claro que eu quero! Qualquer um que possa ajudar meu filho a sair daquela situação horrenda é bem-vindo. Mesmo que a ajuda venha do mundo dos mortos.

– Sendo assim, aqui está o endereço – disse João, entregando para dona Mônica um pedaço de papel dobrado. – Se eu fosse a senhora, iria correndo falar com ele; nesses casos, quanto mais rápido for o atendimento, mais rápida e fácil é a recuperação.

– O senhor tem razão. Muito obrigada, seu João, e que Deus o abençoe! – falou dona Mônica, apertando calorosamente a mão daquele que a ajudava.

– Amém a nós todos! – respondeu ele com um sorriso.

De posse do endereço, apertando o papel na mão como se fosse um tesouro, dona Mônica partiu atrás da última esperança de vida para seu filho.

Dona Mônica saiu da praça, pegou um táxi, entregou o endereço ao motorista e lhe pediu que fosse o mais rápido possível ao local, que ficava a alguns quilômetros de distância da cidade. Ela não via a hora de chegar.

Depois de alguns minutos, o táxi saiu da estrada principal e pegou uma estrada de terra. Andou mais um pouco e parou diante de uma construção. Uma casa grande e antiga chamava a atenção. Na frente, um imenso jardim florido; atrás, uma horta; e, nas laterais, algumas árvores compunham a paisagem. Dona Mônica saiu do táxi e ficou admirando a construção. Algumas pessoas passeavam pelo jardim, outras cuidavam da horta. Lá de dentro vinha um burburinho.

Dona Mônica pediu ao motorista que esperasse por ela e entrou. Sem saber direito como proceder, foi indo em direção à casa. Parou na porta, que estava aberta, e esperou. Não demorou muito e um simpático jovem se aproximou:

— Posso ajudá-la, senhora? — perguntou ele com um sorriso.

— Sim, por favor. Estou procurando pelo irmão Camilo. Não sei se ele pode me atender, afinal, não marquei hora... — respondeu ela, um pouco constrangida, imaginando que deveria ter ligado antes e marcado hora para ser atendida.

— Não se preocupe, senhora; o irmão Camilo atende a todos a qualquer hora. Faça o favor de me acompanhar.

Dona Mônica acompanhou o rapaz e entrou na casa. Vista de dentro, ela parecia ser ainda maior.

— Meu Deus! Será que vou ter condições de pagar por este tratamento? — falou baixinho, admirando a estrutura da construção.

O rapaz sorriu e levou-a até uma pequena e confortável sala.

— Entre e sente-se, por favor. Aqui é a sala de entrevistas. Espere um pouco que vou chamar o irmão Camilo.

O rapaz virou-se e sumiu por trás de uma das portas. Dona Mônica se sentou e ficou esperando. Seu coração estava cheio de esperança. Não demorou para que um senhor de cabelos e barba brancos entrasse. Usava roupas muito brancas, sua estatura era mediana, e ele trazia no rosto sereno um simpático sorriso. Caminhou até dona Mônica e estendeu-lhe a mão afetuosamente:

– Boa tarde, irmã. Sou o irmão Camilo. Avisaram-me que a senhora queria falar comigo...

Dona Mônica sentiu uma agradável sensação de bem-estar ao lado daquele desconhecido. No fundo de seu coração, sentia que ele realmente poderia ajudá-la.

– Sim, eu queria muito conversar com o senhor. Desculpe por ter vindo sem marcar hora, mas meu caso é urgente, e não pensei duas vezes antes de vir correndo.

– Qual é a sua graça, irmã?

– Eu me chamo Mônica.

– Não se preocupe, irmã Mônica. Todos os que chegam aqui o fazem com muita urgência no coração, por isso atendemos a todos, seja qual for a hora. Agora, sente-se, por favor, e me diga o que lhe aflige o coração.

Dona Mônica se sentou e começou a narrar seu drama:

– Irmão Camilo, eu vim até aqui para pedir ajuda para meu filho. Ele se encontra hospitalizado e em estado grave. Não responde ao tratamento, e os médicos já não sabem mais o que fazer para ajudá-lo. Estou desesperada!

– Calma, irmã. Conte-me exatamente como tudo aconteceu.

– Está bem. Meu filho, há alguns anos, mudou-se para a capital a fim de trabalhar. Tudo ia muito bem, até que ele parou de manter contato comigo. Ele não tinha amigos nem parentes por lá. Fiquei aflita, pois ele não respondia mais às minhas cartas nem aos meus telefonemas. Um dia, recebi o telefonema da polícia, me avisando que meu filho havia sofrido um acidente e estava em estado grave. Pediram-me que eu fosse até lá, e eu fui, encontrando-o em coma no hospital. Depois de alguns dias ele acordou, mas é como se ainda estivesse em coma; ele não reage a nenhum estímulo, e os médicos disseram que não é sequela do acidente. Eles não sabiam mais o que fazer. Como meu dinheiro estava acabando, voltei com ele para nossa cidade. Ele foi internado no hospital daqui, mas o drama continua: ele não responde ao tratamento e os médicos me informaram que não sabem mais o que fazer. Se ele continuar assim, não sobreviverá por muito mais tempo – finalizou dona Mônica entre lágrimas.

– Certo. Agora vou lhe fazer algumas perguntas, que a senhora me responderá da forma mais clara e honesta possível! Combinado?

– Combinado!

– Qual é o nome do seu filho?

– Alfredo.

– Então me diga, irmã: por que seu filho resolveu de repente ir embora para a capital?

– Bem... meu filho não tem pai; eu fui mãe solteira. Alfredo era muito ligado ao avô, e, quando meu pai morreu, ele ficou desnorteado; disse que não queria mais ficar aqui e foi embora.

– Ele gostava muito do avô?

– Sim! O avô foi o pai que ele nunca teve. Os dois estavam sempre juntos. Quando ele partiu, Alfredo ficou desgostoso da vida e perdeu o interesse pelas coisas. Posso lhe dizer com sinceridade que Alfredo perdeu até a fé que tinha em Deus.

– Certo. O que ele fazia na capital?

– Trabalhava em uma pequena empresa que mexia com computadores.

– Seu filho tinha amigos por lá? Quando se comunicava com a senhora, o que ele dizia?

– Ele não falava muito sobre a vida dele. Amigos também não tinha; só conhecia o pessoal do trabalho. Perguntava por mim e pelos familiares. Quando eu perguntava o que ele fazia para se divertir, ele respondia que nada; que ia do trabalho para casa e vice-versa.

– Ele tinha namorada?

– Que eu saiba, não. Era um rapaz solitário.

– Conte-me exatamente o que aconteceu com a senhora quando chegou lá na capital.

– Um policial foi me receber na rodoviária e me levou até a delegacia. Lá me explicaram que, segundo os relatos das testemunhas, Alfredo tentara o suicídio, jogando-se na frente de um caminhão.

– Então não foi um acidente; ele tentou se suicidar.

Dona Mônica balançou a cabeça afirmativamente.

— A senhora foi até o lugar onde ele morava?
— Sim – ela confirmou com um suspiro. – E lá minha desilusão foi maior ainda. Até hoje não consigo entender o que aconteceu com meu filho, para ter atitudes tão extremas. – Dona Mônica suspirou novamente. – O dono da pensão me contou que Alfredo havia se tornado um alcoólatra; que havia sido despedido do emprego e despejado da pensão.

Camilo olhava com ternura fraternal para aquela mulher sofrida, encorajando-a a desabafar suas amarguras de mãe.

— Prossiga, irmã.

— O homem me entregou os pertences de meu filho, que estavam guardados no depósito. Ao chegar em casa, quando guardava seus pertences, uma coisa me chamou a atenção. Em sua mala, encontrei várias fotos de uma moça. Em algumas delas, estava escrito o nome "Maria Celeste".

— O que mais lhe entregaram, irmã?

— No hospital, me entregaram os pertences que estavam com ele quando deu entrada no hospital: a carteira com os documentos, um canivete, uma foto dessa mesma moça toda amassada e uma correntinha que, tenho certeza, não pertencia a ele.

— Como era essa correntinha, irmã?

— Era uma corrente de ouro com um pingente em forma de anjinho.

Camilo fechou os olhos e respirou fundo. Ficou assim por alguns minutos, como se estivesse se concentrando em alguma coisa. Depois, abriu um sorriso e balançou a cabeça em sinal de afirmação. Quando abriu os olhos, olhou para dona Mônica e disse:

— Quando a senhora pretende trazê-lo?

— Quer dizer que o senhor vai ajudá-lo?

— Mas é claro! Não foi para isso que a senhora veio até aqui? Quando foi que negamos ajuda a um irmão necessitado?

Dona Mônica começou a chorar e, em sinal de agradecimento, num impulso, abraçou Camilo.

– Irmã, o tratamento de seu filho não será fácil. Necessitaremos de muita ajuda, tanto física quanto espiritual. Mas, principalmente, precisaremos, e muito, da ajuda dele. Se Alfredo não se ajudar, nosso trabalho será em vão. Teremos que ser muito pacientes e carinhosos com ele. Alfredo passou por momentos difíceis em sua vida, momentos esses que ele terá que superar para continuar vivendo. Não é hora para cobranças nem julgamentos.

– Entendo, irmão Camilo, e farei tudo o que estiver ao meu alcance para ajudar meu filho.

– Pode ter certeza, irmã, que seu amor por ele fará maravilhas!

Dona Mônica ficou em silêncio por algum tempo, depois perguntou, preocupada:

– Irmão Camilo, quanto vai custar esse tratamento? Eu não tenho muito dinheiro no momento, mas, se o senhor esperar, posso vender minha casa para custear tudo. Se for preciso, também posso fazer um empréstimo.

Camilo sorriu paternalmente:

– Irmã, aqui não cobramos pelo bem que fazemos. O amor, que recebemos de graça, também doamos de graça. Se, no decorrer do tempo, a senhora quiser nos ajudar com seus préstimos e boa vontade, seu auxílio será muito bem-vindo.

– Desculpe-me, irmão Camilo, mas não entendo! O senhor vai curar meu filho *de graça*?

– Não, irmã! Não vou curar seu filho; é ele próprio quem vai se curar. Depois, o bem que fazemos ao próximo não é de graça, ele sempre vem acompanhado de uma razão e um comprometimento com o Alto. Tudo no mundo tem uma razão de ser. Mas não precisa se preocupar; ao longo do tempo, a senhora vai entender o que estou lhe dizendo.

Camilo olhou para o semblante confuso de dona Mônica, deu-lhe uma piscadela e brincou:

– Não se preocupe, irmã. Não vou pedir sua alma em troca do tratamento de seu filho.

Dona Mônica fez uma cara de espanto, e os dois começaram a rir. Camilo abraçou-a fraternalmente e falou:

– Vamos, irmã, vamos cuidar da transferência de seu filho.

※

No outro dia, Alfredo foi transferido para a Casa dos Aflitos. Dona Mônica estava muito feliz, pois acreditava piamente na recuperação de seu filho. Ele foi devidamente instalado em um quarto pequeno, porém aconchegante. Depois disso, Camilo convidou dona Mônica para conhecer melhor as instalações da casa e seu funcionamento:

– Venha comigo, irmã, que vou lhe explicar como funciona a casa.

– Irmão, por que chamam este lugar de Casa dos Aflitos?

– Porque todos os que nos procuram fazem isso como sua última opção de cura. Eles chegam até nós sem esperança, completamente aflitos e desesperados.

– Entendi. O senhor é o consolo dos aflitos.

Camilo sorriu, e os dois foram conversando enquanto andavam.

– Esta casa, no passado, pertenceu a um rico fazendeiro da região. Foi ele, inclusive, que fundou a cidade onde a senhora mora. Quando ele morreu, deixou duas filhas que não se interessaram pelo patrimônio da família, ficando a fazenda abandonada. Muitos anos se passaram, e o que era luxo se transformou em lixo, se a senhora me permite o trocadilho.

Dona Mônica sorriu, e Camilo continuou:

– Depois de décadas de abandono, esta fazenda, ou o que restou dela, pois muitos hectares de suas terras já haviam sido vendidos para saldar dívidas da família, acabou chegando até mim, um parente distante do dito fazendeiro. Tudo o que sobrou da majestosa fazenda foi este pequeno pedaço de terra, cuja casa estava em frangalhos, com o mato cobrindo tudo.

– É uma pena!

– Realmente, a visão à qual fui submetido quando aqui cheguei era de desespero. Muito triste, eu não sabia o que fazer com minha dita "herança". Foi quando um grupo espírita da capital me procurou e me fez uma proposta: transformar a antiga casa da fazenda em uma casa de recuperação para os irmãos aflitos. Havia muitos necessitados, mas pouco espaço e mãos firmes para a assistência. Eles entrariam com o dinheiro para a reforma, e eu, com a casa e a mão de obra para reformá-la. Deu muito trabalho, mas, depois de algum tempo de esforço e dedicação de vários irmãos, que me ajudaram, conseguimos transformar as ruínas no que a senhora está vendo agora.

– Posso lhe garantir que fizeram um ótimo trabalho por aqui.

– Obrigado! Depois das devidas instalações estarem prontas, começamos a receber nossos primeiros pacientes, vindos de todos os cantos da região. Aqui atendemos a todos: viciados, alcoólatras, drogados, doentes, dementados, perturbados, indigentes; enfim, todos aqueles que se encontram aflitos e desesperados acabam aqui, sob nossos cuidados. Depois de recuperados, eles seguem seu caminho; alguns, sem família nem moradia, acabam ficando por aqui e nos ajudando na manutenção da casa.

– Diga-me uma coisa, irmão Camilo: como vocês conseguem sustentar a casa se não cobram pelas internações nem pelos tratamentos?

– Contamos com a ajuda dos amigos da capital, que nos mandam uma "mesada" como ajuda de custo. O resto fica por nossa conta. Temos aqui uma horta e muita terra produtiva que nos oferece as refeições. Quando nossos pacientes melhoram, eles mesmos nos ajudam na manutenção da casa; isso funciona também como terapia ocupacional para eles. Alguns familiares se sentem gratos pela ajuda que prestamos e se oferecem para auxiliar, seja com dinheiro, bens materiais ou ajuda voluntária.

– Tudo isso é muito interessante! Jamais poderia imaginar uma instituição como esta funcionando bem debaixo do meu nariz.

– Isso é natural. Muitas vezes, só temos tempo para os nossos próprios problemas, e só prestamos atenção nos problemas dos outros quando necessitamos da ajuda desse outro para resolver os próprios problemas.

– Nesse ponto, o irmão está coberto de razão.

– Como estava dizendo, aqui não nos falta nada, graças a Deus, pois podemos sempre contar com uma mão amiga que nos ajude. Por exemplo, a ambulância que buscou seu filho no hospital foi doação de um ex-paciente agradecido. As sementes que usamos na plantação são doadas por amigos abnegados. Perdi a conta de quantas vezes fomos presenteados com cestas de frutas e verduras, galinhas, porcos e vacas. Não ria não, irmã, estou falando a verdade.
– Desculpe.
– As refeições servidas são preparadas por voluntários amorosos. A limpeza da casa é feita por familiares e pelos próprios pacientes que se encontram em melhores condições. Sempre tem um que está melhor e se dispõe a ajudar o outro, que está pior.
– Seria tudo perfeito se a vida lá fora funcionasse desse jeito!
– Estamos trabalhando para isso, irmã. Estamos trabalhando para isso...
– Diga-me uma coisa, irmão: posso vir visitar meu filho todos os dias?
– Mas é claro que sim, minha irmã.
– E quando vai começar seu tratamento?
– O tratamento começou assim que a irmã cruzou a porta de entrada desta casa.
– E qual vai ser a base do tratamento?
– Ele será baseado em muito amor e carinho!
– Obrigada, irmão! – disse dona Mônica, os olhos marejados.

※

Alfredo acordou e abriu os olhos. Continuava na cama, porém não reconheceu o quarto onde estava.
– Boa noite, Alfredo!
Alfredo se virou e reconheceu seu mentor, sentado em uma cadeira ao lado da cama.
– Boa noite, Anjo! Faz tempo que não vem me visitar.

– Engano seu, meu amigo. Estou o tempo todo ao seu lado; você é que não oferece oportunidade para que eu me faça presente em sua vida. O que está acontecendo Alfredo? Você não está cumprindo com o nosso acordo! Aonde pretende chegar agindo desse jeito?

– Na verdade... Não quero mais viver... Não tenho forças para enfrentar tudo isso! Quero ir embora. Me leve com você! – explodiu Alfredo entre soluços.

– Alfredo, deixe de ser egoísta! Eu já lhe expliquei tudo o que implicaria sua morte. Você estaria prejudicando muitos outros espíritos, sem contar que estaria complicando a própria encarnação. Sua volta prematura para o mundo espiritual seria um desastre.

– Não posso voltar para onde estava? Aquele hospital me pareceu tão agradável!

– Quer passar toda a sua existência em um hospital? Depois, se você desencarnasse agora, sinto muito em lhe dizer, mas iria para um mundo de grande sofrimento, um lugar que você sequer conseguiria imaginar.

– Eu sei! Quando você me visita durante o sono, tenho forças para continuar; porém, quando acordo no outro dia e encaro a realidade, minha coragem acaba, e eu me acovardo e quero desistir. Não me culpe; esse sentimento é mais forte que eu!

– Alfredo, me diga o que está atormentando você. Do que tem medo?

– Eu ouço vozes; elas me xingam e me acusam de coisas terríveis: assassino, monstro, estuprador, suicida, covarde... Ah! Essas vozes entram na minha cabeça e não saem. Minha cabeça dói muito; acho até que vou enlouquecer!

– Continue, Alfredo. Desabafe!

– Todos me culpam pelo que aconteceu. Sei que eles têm razão, pois agi feito um canalha, um criminoso. Não os culpo por me odiarem. Então, se eles me odeiam, por que eu tenho que me melhorar? Para eles, não vai mudar nada mesmo; vão continuar me odiando e me culpando! Qual é o propósito disso tudo? Apenas me fazer sofrer?

– Meu amigo, me explique melhor: quem o odeia e quem nunca vai perdoá-lo?

– Muitas pessoas me odeiam, mas principalmente ela! Ela me odeia! Maria Celeste me odeia, e muito!

– Como sabe disso?

– Outro dia, não sei como, acho que foi num sonho, eu a encontrei e tentei lhe pedir desculpas. Ela me olhou com ódio e disse que nunca vai me perdoar pelo que lhe fiz. Falou que preferia que eu tivesse morrido... – Alfredo começou a chorar desesperadamente, e seu mentor teve de lhe aplicar passes calmantes para que pudesse se equilibrar.

– Alfredo, meu amigo, tudo o que aconteceu é muito recente. Maria Celeste está muito abalada; o caminho que ela tem que trilhar não é mais fácil que o seu, pelo contrário! Posso lhe garantir que a parte que coube a ela é muito mais dolorosa e complicada que a sua. Ela terá que fazer uma escolha muito difícil, escolha essa que mudará para sempre toda a vida dela. Se falhar, comprometerá toda a sua encarnação e também a daqueles que dependem dela. Alfredo, a vida não está difícil só para você, meu irmão. Reaja!

– Não entendo o que você me diz!

– Tudo o que precisa entender no momento é que tem de reagir e retomar sua vida. Você está agindo como uma criança mimada e egoísta. Pare de pensar apenas na sua dor e comece a prestar atenção na dor dos outros.

– Vou tentar – balbuciou ele, feito uma criança assustada.

– Preste atenção no que vou lhe dizer: Maria Celeste está muito perturbada no momento. Claro que a simples visão do seu rosto a atormenta, pois a faz se lembrar de tudo o que aconteceu. Ainda é cedo para exigir dela o perdão. Se nem você ainda se perdoou, como pode querer que ela o perdoe?

– No futuro ela vai me perdoar?

– Isso só depende de você.

– O que tenho que fazer para que isso aconteça?

– Primeiro, tem que se perdoar e seguir em frente com sua vida! Só terá o seu perdão vencendo os obstáculos que a vida está lhe impondo. Nessa vida, Alfredo, ninguém consegue nada de graça; tudo tem que ser conquistado.

– Tá bom. Mas eu não tenho forças para lutar sozinho; preciso de ajuda.

– E quem falou que não tem ninguém ajudando você? Olhe ao seu redor! Estou sempre aqui do seu lado, auxiliando em tudo que posso. Os amigos da espiritualidade estão sempre acompanhando-o. Sua mãe largou a própria vida para se dedicar integralmente a você. O que mais você quer? Todos estão fazendo sua parte, menos você!

– Desculpe-me.

– Não tem que se desculpar. Tem é que começar a agir. Nosso trabalho já está atrasado e comprometido; não temos tempo a perder.

– Certo. O que faço primeiro?

– Deixe de lado esse derrotismo, essa pena que sente de si mesmo, e enfrente a vida que você mesmo escolheu para viver! Saia desse marasmo e reaja! Agora!

– Tudo bem... Vou fazer o que está me pedindo.

– Ótimo! Agora, tem alguém querendo falar com você. Mas só vou permitir essa visita se deixar de choramingar e passar a se comportar como um homem! E então? O que me diz?

– Você tem a minha palavra! Vou deixar de ser um rato covarde e me transformar em um homem de verdade!

– Era só isso o que esperava de você! Agora, vou me retirar. Espere um pouco; tem alguém lá fora que quer vê-lo.

– Tchau, Anjo, e obrigado mais uma vez pela força!

– Esse é o meu trabalho.

O mentor se afastou, abriu a porta e saiu. Depois de alguns segundos, um senhor de ar bondoso entrou e se dirigiu a Alfredo:

– Olá, Dinho! Como está passando meu netinho preferido?

– Vovô?

– Sim, Dinho, sou eu, Alfredo, seu avô.

– Vovô, é o senhor mesmo?

– Sim, querido, sou eu. Estou aqui para visitá-lo e lhe dar apoio.

Alfredo, nesse momento, esqueceu-se de todos os seus problemas. Pulou da cama e abraçou emocionado seu avô querido. Com paciência, o senhor Alfredo conversou com o neto, como se ele ainda fosse criança:

– Alfredo, meu filho, preste atenção no que vou lhe dizer: tive permissão para vir visitá-lo e conversar com você. Meu filho, você precisa reagir; seu tempo está se esgotando, e não pode perder esta oportunidade nova que a vida lhe deu. Sua recuperação é muito importante. Prometa-me que vai reagir e lutar para melhorar!

– Prometo, vovô.

– Não prometa da boca pra fora; prometa com o coração.

– Sim senhor. Eu prometo, vovô!

– Alfredo, vou ficar ao seu lado por um tempo, dando-lhe forças para reagir e seguir lutando. Meu tempo ao seu lado é curto, pois tenho outros trabalhos para realizar, mas, como está necessitando de um empurrãozinho, vou ficar ao seu lado por um tempo. Porém, se não fizer por merecer essa ajuda, minha visita será cancelada, e eu irei embora. Minha permanência ao seu lado só depende de você. Entendeu?

– Sim, vovô. Farei de tudo para que o senhor fique comigo.

– Assim espero! Agora, preste atenção no que vou lhe dizer: tenho uns conselhos para lhe dar.

– Pode dizer, vovô.

– Esqueça Maria Celeste por enquanto; seu caminho agora é outro. Pare de bancar o menino teimoso e egoísta. Cresça espiritualmente, pois outros espíritos que você prometeu ajudar nesta sua encarnação esperam por você. E, o mais importante: faça-me ter orgulho de você novamente, meu neto; mostre-me que não errei na sua educação!

Alfredo abraçou seu avô, como fazia nos tempos de menino. Aninhado naqueles braços carinhosos, chorou toda a angústia que lhe sufocava o coração. Depois de desabafar e poder sentir o amor de seu avô querido novamente, sentia-se renovado e pronto para seguir seu caminho.

– Bom dia, irmão Camilo. Como está meu filho hoje?

– Bom dia, irmã. Seu filho está igualzinho, como a senhora o deixou ontem à tarde.

– Irmão Camilo, estou ficando preocupada. Não era hora de ele já ter reagido?

– Minha amiga, deixe de ser impaciente. Cada um tem sua hora, seja para nascer, viver, morrer ou reagir a um trauma. Cada um faz sua hora. O que a senhora tem que entender é que seu filho passou por várias situações traumáticas em um curto espaço de tempo. Não sabemos ao certo o que aconteceu; temos apenas fragmentos de uma história da qual só ele sabe a verdade. O caso dele é muito difícil.

– Desculpe-me. O senhor tem razão.

– Veja, se aconteceu tudo na sequência em que a senhora me narrou, ele se tornou alcoólatra, perdeu o emprego, foi despejado, desprezado por uma jovem, tentou o suicídio e acabou em coma em um hospital, e tudo isso em pouco tempo! A senhora não acha que estamos cobrando muito de seu filho?

– Mais uma vez, o senhor tem razão!

– Seu filho está em choque, irmã. Ele está vivendo um conflito entre um mundo fictício onde ele se esconde e a realidade, que ele teme enfrentar. Somada a tudo isso, tem a abstinência ao álcool, que seu corpo físico está cobrando.

– É, realmente meu filho tem um caminhão de problemas para enfrentar. O senhor é um sábio, irmão Camilo. Não me admira tantas pessoas virem procurá-lo em busca de ajuda.

– Não, minha irmã, estou apenas sendo realista. A situação de seu filho é muito complicada; se não o tratarmos com os devidos cuidados, ele pode ficar preso nesse mundo intermediário que ele próprio criou para fugir de suas dores.

– Meu Deus!

– A senhora trouxe o que lhe pedi?

– Sim, está aqui comigo.

– Ótimo. Vamos tentar trazer Alfredo de volta à realidade.

Quem sabe fazendo-o entrar em contato com estes objetos que foram importantes para ele, seu filho reaja.

– Será que vai dar certo, irmão?

– Não sei, mas é uma tentativa. Quanto mais deixarmos seu filho perdido nesse mundo paralelo de fuga, pior para ele.

– Posso assistir a essa tentativa?

– Claro que não! Como lhe disse, no momento tudo é difícil para seu filho; quanto menos tumultuarmos sua mente, melhor. Quando tudo aconteceu, a senhora não estava presente. Eu lhe peço um pouco mais de paciência.

– Tudo bem. Vou esperar aqui, então.

– Minha cara, eu gostaria que a senhora me fizesse um favor enquanto espera. Posso lhe pedir isso? – perguntou Camilo, dando-lhe uma piscadinha simpática com o olho esquerdo.

– Mas é claro!

– Neste momento, estamos preparando a sopa para os pacientes. A senhora se sentiria disposta a nos ajudar nesse serviço?

– Claro que sim! O que tenho que fazer?

– Irmão Luís, por favor, acompanhe nossa irmã até a cozinha e explique-lhe o que ela tem que fazer para nos ajudar na preparação da refeição.

– Pois não. Queira me acompanhar, por favor, irmã.

– Irmão Camilo, acho que o senhor fez tudo isso já de caso pensado – disse dona Mônica com um sorriso.

– Mas é claro, irmã! Sempre estamos à procura de trabalhadores para a Seara do Mestre.

Dona Mônica acompanhou, sorridente, o rapaz até a cozinha, enquanto Camilo, de posse dos objetos trazidos por dona Mônica, dirigiu-se até o quarto de Alfredo.

❈

Alfredo continuava deitado, sem apresentar nenhuma melhora. Camilo entrou acompanhado de mais três irmãos, prontos para a sessão que se iniciaria. O dedicado homem aproximou-se da cama do jovem e colocou a mão sobre seu ombro. Alfredo não esboçou nenhuma reação. Os outros três dispuseram-se ao redor da cama, deram-se as mãos e entraram em oração.

– Alfredo, olhe para mim, meu filho – pediu Camilo com autoridade.

O moço virou o rosto para Camilo, mas não reagiu à sua presença.

– Meu filho, estamos aqui em busca de sua recuperação física e espiritual. Já está na hora de superar esses problemas que você causou no passado. Desapegue-se desse sentimento de culpa; afaste essa dor inútil de seu coração. Volte à realidade, Alfredo; muitos esperam por você e por seus trabalhos.

Alfredo não reagia. Era como se não ouvisse o que Camilo lhe dizia.

– Alfredo, apague de sua memória aqueles tristes acontecimentos; eles não lhe servem para nada agora. Afaste Maria Celeste de seu coração; ela não faz mais parte de sua vida. Seu caminho agora é outro. Deixe-a seguir em paz; concentre-se na sua vida e nos seus afazeres.

Alfredo continuava sem reação.

– Meu filho, fugir das responsabilidades não é o certo! Fazer-se de vítima, também não. Enquanto continuar alimentando esses pensamentos ruins em sua cabeça, só vai conseguir ter por companhia esses irmãos desorientados e sofredores que estão sempre ao seu lado fazendo-o sofrer ainda mais. Livre-se deles, Alfredo; eles não são boas companhias para você. Enquanto prende esses irmãos perturbados ao seu lado, você impede a aproximação de espíritos de luz que realmente poderiam ajudá-lo!

Alfredo franziu a testa, como se tentasse afastar um pensamento ruim.

– Vamos, meu filho! Coragem! Sei que está tentando, mas é preciso muito mais que isso para se libertar.

Alfredo fez uma careta de dor. Irrequieto, começou a se debater na cama.

– Vamos, Alfredo! Você consegue! Olhe ao seu redor e veja quantos amigos de luz o estão auxiliando e esperando para poder ficar ao seu lado. Lute, Alfredo, você consegue! Liberte-se!

A agitação de Alfredo aumentou. Ele se debatia muito; seu rosto estava coberto de um suor frio. Estava no limite de suas forças.

Os irmãos ao redor da cama potencializaram suas orações. Naquele momento, Camilo achou que já estava na hora de usar seu último argumento em favor do jovem.

– Alfredo, concentre-se! Você está conseguindo. Você é mais forte. Liberte-se!

Camilo colocou em uma das mãos de Alfredo um objeto pequeno e frio. Na outra, pôs um pedaço de papel amassado. Em um tom de voz firme e autoritário, ordenou:

– Alfredo, levante as mãos e encare seus erros do passado!

Automaticamente, obedecendo à ordem de Camilo, Alfredo levantou as mãos e deparou-se com o que segurava. O horror tomou conta de seu rosto. Um grito desesperado de dor e arrependimento brotou de seu coração, chegando até sua garganta e fazendo-se ouvir pelo quarto. Alfredo apertou os objetos contra o peito e desabou num choro compulsivo...

※

Alfredo estava vivendo em um mundo à parte. O remorso consumia seu coração; sentia-se extremamente culpado por tudo o que havia acontecido e tinha medo de encarar as consequências de seus erros. Seu mentor insistia, conversava e tentava lhe mostrar que o mais prejudicado com essa fuga era ele mesmo. Porém, todos os seus esforços vinham se revelando inúteis.

Durante o sono, seu mentor vinha, conversava com ele e lhe explicava o que tinha que fazer. Naquele momento de paz, diante do mentor, Alfredo concordava com tudo; no entanto, quando o dia amanhecia e ele se dava conta do que precisava enfrentar, acovardava-se e não se esforçava para se libertar daquela situação, até então muito cômoda para ele.

Para piorar, devido aos pensamentos tumultuados emitidos por Alfredo, espíritos inferiores, com o mesmo padrão vibratório doentio, acabavam se aproximando e juntando-se a ele. Como as vibrações eram semelhantes, uniam-se em um grupo triste e deprimido.

Muitas vezes, durante o sono, esses espíritos inferiores, apenas para atormentar ainda mais Alfredo, levavam-no até a presença de Maria Celeste. A moça, ainda muito chocada e perturbada com o que havia acontecido, enchia-se de horror quando via Alfredo. Ele tentava se aproximar, conversar com ela e pedir desculpas, mas a jovem, apavorada, revivendo aqueles momentos infelizes ao lado dele, amaldiçoava-o e fugia. Essas visitas pioravam ainda mais o estado mental de Alfredo, deixando-o cada vez mais deprimido e confuso.

Seu mentor, na tentativa de tirá-lo dessa situação depressiva, havia pedido ajuda para o avô do rapaz. Ao vê-lo, Alfredo realmente sentiu vontade de reagir, de libertar-se; porém, a força exercida sobre ele pelos espíritos inferiores ainda era grande.

A situação complicava-se para Alfredo: quanto mais o tempo passava, mais ele se envolvia com aqueles espíritos obsessores.

※

Naquela tarde, quando Camilo e seus amigos entraram no quarto, Alfredo estava como sempre, envolvido com seus amigos de infortúnio.

— Alfredo, meu camarada, esta noite vamos para uma festa de arromba! Um chapa meu me convidou. Vai rolar muita música e muita bebida! Você está com vontade de beber, não tá não, meu camarada?

— Deixe de bobagens, Oscar. Não tá vendo que ele não tá a fim de ficar ouvindo suas besteiras? Esta noite ele vem comigo; vamos visitar a namorada dele. Não é, Alfredo? Estamos loucos de saudades de Maria Celeste.

– Besteiras? Besteiras são essas visitas ridículas que vocês ficam fazendo para aquela sonsa. Não percebeu ainda que ela não quer nada com o cara? Deixa de ser otário, mano! Se o que vocês querem é mulher, venham comigo, que eu sei onde tem um montão delas, fácil, fácil!

– Ah, Oscar, como você é idiota! Ele não quer qualquer uma; ele quer aquela que é dele. Além do mais, se não marcar em cima, vem aí um mané qualquer e rouba a gata do nosso amigo. Por isso é que temos que marcar território; temos que ficar sempre por perto, para espantar os malas que se aproximarem dela. Entendeu, ou quer que eu desenhe, otário?

– Credo! Até depois de morto você continua burro, Ademar. Por isso que a sua mulher largou você por causa do vizinho! Você é muito mala, muito grudento. Ninguém gosta de pegação no pé não, meu camarada.

– Quem é burro por aqui, Oscar? Quem foi que morreu de tanto beber? Coma alcoólico! Ninguém nunca falou pra você que misturar tanta bebida numa só noite acaba em morte? E, até onde eu saiba, ainda não abriram boteco no cemitério!

– Ah é? E você, que se matou porque a sua mulher fugiu com o vizinho? Burro! Foi você que se matou por causa de mulher, com tantas perdidas por aí! E, pior, deixou a sua inteirinha para o mané do vizinho.

– Realmente, vocês dois me enojam! Não têm outro encarnado para atormentar? – Reclamou outro espírito, que até então, havia se mantido calado.

– Xiiii! Olha só quem fala! Cai fora Molambo, ninguém te chamou na conversa!

– Tem razão, Oscar! E você, Molambo!? Também não tem nada de mais interessante para fazer, não? Quem sabe uma sessão espírita, um descarrego, assombrar alguma casa velha, assustar velhinhas indefesas? Oh, não! Que burrice a minha. Você também não tem nada de mais interessante para fazer, é claro que não, por isso está aqui!

– Deixa de ser bobo, Ademar. Então você não sabe que o Molambo está aqui por causa dos remédios?

– Que história é essa de remédios, Oscar?

– Depois o bobo aqui sou eu! O Molambo era viciado em remédios quando encarnado; era o que chamam de hipocondríaco, ou coisa assim. Ele morreu de overdose de remédios. A família internou o cara numa clínica para dependentes químicos, mas ele não aguentou a pressão, arrombou o ambulatório médico da clínica e se entupiu de calmantes; o resultado é esse que você tá vendo na sua frente: mortinho da Silva!

Os dois espíritos caíram na gargalhada, deixando Molambo mais irritado ainda.

– Vocês me dão pena! São dois ignorantes que ficam vampirizando esse pobre doente que está com a mente atormentada. Deviam se envergonhar de estar nessa condição horrenda! Tomem seu rumo e evoluam, seus fugitivos do Umbral!

– Ah, tá! E você, é um anjo que tá aqui apenas para ajudá-lo? Diga-me então o que faz do lado dele, dia e noite. É enfermeiro dele, por acaso, bom samaritano?

– Deixa de besteira, Ademar. Ele fica atrás do Alfredo para usufruir dos remédios que ele toma todo dia. Agora ele tá nervosinho porque aqui, diferentemente do hospital, eles não estão dopando nosso menino de remédio, então ele não tem mais como se drogar. Coitadinho do bom samaritano!

Os dois começaram a rir novamente. Molambo ficou furioso, afinal, tinham razão no que falavam. Muito irritado, ele resolveu ir embora.

– Credo, Oscar! Parece que nosso amigo Molambo ficou bravo e caiu fora. Coitado! Será que a gente ofendeu ele?

– É, ele foi, mas ainda deixou pra trás mais dois. Olha lá aqueles dois sem-noção!

– Ah, deixa eles pra lá! Estes aí estão tão perturbados, que não sabem nem onde estão!

Ambos riram a valer, observando o medo que os dois espíritos dementados provocavam em Alfredo.

– Xiiii! Olha lá quem tá vindo novamente, Oscar.

– Ah, é o tiozinho de novo. Ele acha que vai conseguir roubar o Alfredo de nós. Ele tá enganado, não tá, Alfredo?

– É isso aí! O Alfredo é nosso chapa. Não é, Alfredo? Não vai dar uma de traíra agora, vai?

Camilo entrou no quarto como se não estivesse acontecendo nada. Aproximou-se, sem tomar conhecimento deles, e começou seu trabalho. No início, Alfredo não reagia; os obsessores riam a valer, pois se divertiam com o sofrimento de Alfredo e as tentativas frustradas de Camilo.

– Eles acham que vai ser fácil tirar a gente daqui. Coitados! Já faz tempo que estão tentando e não conseguem. Babacas!

– É claro, Oscar! Enchemos tanto a mente do Alfredo de bobagens que não há espaço para mais nada. Depois, é tão fácil manipular uma mente conturbada e em desordem... Deixa eles tentarem; não vão conseguir nada mesmo!

– Sei não, hein, Ademar? O tiozinho está com a cara estranha! Acho que ele tá tramando alguma pra cima da gente. Vamos ficar ligados nele; o velhote é esperto.

Alfredo estava incomodado com tudo aquilo. Queria se livrar daquele tormento; já estava cheio daqueles espíritos fazendo dele um fantoche. Mas não tinha forças para se libertar da companhia deles. Quanto mais Camilo insistia para que se libertasse, mais eles atormentavam a mente de Alfredo.

Por fim, de tanto Camilo insistir, uma fagulha de esperança se acendeu na mente de Alfredo. Com muito esforço, conseguiu o domínio mental por alguns instantes, o suficiente para impor sua vontade diante daqueles que o atormentavam.

– Vão embora! Não quero mais a companhia de vocês. Deixem-me em paz!

– Mas, Alfredo, nós somos chapas, cara! Estamos juntos nessa. Estamos ajudando você, meu camarada.

– Vão embora, eu já disse! Não preciso da ajuda de vocês.

– Olha só, Oscar, que mal-agradecido! Depois de tudo o que fizemos por ele... Ingrato, traíra!

Com mais força, Alfredo gritava para eles:

– Vão embora! Sumam daqui!

– Epa, Oscar, parece que a situação tá ficando preta pra gente.

– Acho bom a gente se mandar, Ademar. Olha só! Lá vem aquele bando de chatos iluminados. Vamos nessa, irmão. A hora agora é de dar no pé; mais tarde a gente volta.

– Certo. Tchauzinho, Alfredo, até mais tarde.

Tudo o que Alfredo precisava era impor sua vontade diante deles; só assim teria forças para se libertar. O empurrão que faltava, Camilo lhe deu, ao colocar diante de seus olhos a foto e a correntinha de Maria Celeste. A visão do meigo rosto da jovem e o objeto que ele arrancara de seu pescoço naquele dia trágico haviam dado um choque em Alfredo. Era como se tivesse colocado o dedo na tomada. Aquele choque fez Alfredo acordar de seu transe e voltar para a realidade.

Diante da força de vontade de Alfredo, e com medo dos espíritos de luz que se fizeram presentes quando Alfredo aceitou se libertar, os espíritos obsessores simplesmente desapareceram...

Depois de muito esforço, finalmente Alfredo estava livre da influência dos espíritos obsessores. Só que isso não significava melhora imediata para Alfredo. Seu corpo estava debilitado, afinal, tinha passado várias semanas hospitalizado. Ele havia vencido apenas uma de suas várias batalhas. Muita coisa ainda estava por vir. Alfredo tinha uma longa caminhada até alcançar os objetivos que lhe tinham sido propostos para a atual encarnação.

Terminada a sessão, ele caiu no sono, só que, desta vez, seu sono seria tranquilo. Depois de muito tempo, Alfredo dormiria em paz com sua consciência.

– Bom dia, irmão Camilo.
– Ora, ora... Quem vejo chegando feliz? Nossa mais nova colaboradora. Bom dia, irmã Mônica.
– Ah, o senhor! Sempre de bom humor e brincalhão!
– Temos que tratar bem a vida, minha irmã, para que ela nos retribua o favor.
– E, como sempre, está coberto de razão!

– Ah, por favor, irmã Mônica: não me chame de senhor! Chame-me de irmão, que está de bom tamanho.

– Por falar nisso, me responda a uma pergunta: por que o senhor insiste em ser chamado de irmão?

– Já disse. Não sou dono de nada, por isso, não sou senhor de ninguém. Entendeu?

– Entendi, sim. O senhor, quer dizer, o irmão vive me surpreendendo. Se não fosse falta de educação, eu lhe perguntaria sua idade.

– Por quê?

– Porque, pela sua sabedoria, poderia jurar que o irmão já está aqui na Terra há séculos.

– Que é isso! Bondade sua, minha irmã. Mas, para satisfazer sua curiosidade, posso lhe garantir que não sou tão velho assim, embora tenha ajudado os índios na recepção de Cabral.

Os dois riram muito da brincadeira. Dona Mônica havia se adaptado muito bem ao grupo de voluntários. O serviço estava lhe fazendo muito bem. Além de ajudar os mais necessitados, havia feito novos amigos na casa.

– Irmã, tenho uma surpresa. Por favor, me acompanhe.

– Que bom... Adoro surpresas. O que será?

– Se lhe contar, estrago a surpresa!

Os dois caminharam conversando animadamente até a porta do quarto de Alfredo.

– Pode entrar, irmã. Tem alguém ansioso esperando pela senhora lá dentro.

Dona Mônica não conteve a emoção:

– Meu filho? – ela perguntou chorando.

– Sim!

Camilo abriu a porta, e ela entrou, o coração aos saltos. Lá dentro, Alfredo estava sentado na cama, encostado nos travesseiros. Quando viu dona Mônica, começou a chorar. A dedicada mãe correu até ele e o abraçou fortemente. Toda a emoção guardada até aquele momento foi extravasada naquele encontro tão esperado por dona Mônica.

– Mamãe! Quanta saudade!

– Meu filho amado! Quanto tempo esperei por este abraço...

– Eu sei, mãe. Por isso quero lhe pedir desculpas pelo que fiz e pelos muitos aborrecimentos que lhe causei.

– Não se preocupe com isso, meu filho. Já passou. Agora, vamos começar vida nova!

– Não posso, mamãe. Estou preso aos meus erros do passado. Enquanto não consertar tudo o que fiz de errado, não terei paz nesta vida.

– Alfredo, agora não é hora para isso! Primeiro, você precisa se recuperar; depois resolveremos os problemas.

– Impossível, mamãe. Enquanto não me libertar dessa vergonha que me aperta o coração, não terei paz. Preciso me retratar com muitas pessoas, começando pela senhora.

– Você não me deve nada, meu filho.

– Devo sim, mamãe. A senhora sempre me ensinou a respeitar as pessoas, e o que mais fiz durante esses dias foi desrespeitá-las. Preciso do seu perdão, mas, para isso, a senhora tem que saber de todas as besteiras que fiz.

– Não, meu filho. Não se torture tanto!

– É preciso! Agora, puxe aquela cadeira aqui do meu lado e sente-se. Nossa conversa será longa.

Dona Mônica sentou-se ao lado da cama de Alfredo e esperou. Estava aflita, e Alfredo, nervoso. Ao mesmo tempo em que queria contar tudo o que acontecera à sua mãe, tinha medo de sua reação após saber da verdade. Por outro lado, como poderia começar uma vida nova enrolado em mentiras e sujeiras? Contaria toda a verdade para sua mãe, e, se ela tivesse um coração generoso a ponto de poder perdoá-lo, seria um homem feliz.

Alfredo respirou fundo e começou sua narrativa. Iniciou contando sobre sua triste e solitária vida na capital. Falou do encontro com Maria Celeste, de sua obsessão por ela. Contou como se tornara um alcoólatra e perdera o emprego. Dona Mônica ouvia tudo em silêncio. Grossas lágrimas de profunda tristeza escorriam por seu rosto. Alfredo percebia a dor que estava causando à sua mãe, mas a verdade tornava-se necessária; não esconderia nada, contaria tudo, sem poupá-la nem mesmo dos detalhes mais sórdidos.

Foi com um profundo aperto no coração que dona Mônica ouviu da boca do próprio filho o que ele havia feito com Maria Celeste, antes de se jogar na frente de um caminhão. Quando ele terminou sua história, ambos choravam – dona Mônica, de compaixão pelo filho, e Alfredo, de remorso pelo que havia feito.

– Mamãe, se a senhora não for capaz de me perdoar, eu vou entender, afinal, não foi essa a educação que me deu. Vou compreender se a senhora for embora e não voltar mais. É seu direito. A senhora não é obrigada a conviver com um criminoso como eu.

Dona Mônica não disse nada, apenas se levantou e abraçou seu filho arrependido demoradamente...

– Puxa vida! O Alfredo está mesmo em um enrosco – desabafou Roberto.

O irmão José Ernesto sorriu.

– A palavra certa para este caso não é *enrosco*, e sim *consequência*. Ele está apenas sofrendo com as consequências de seus atos.

– Nada mais justo! Vivemos em um mundo de ação e reação; estamos todos sujeitos a sofrer consequências devido a nossos erros – completou outra aluna.

– É verdade. Nós, que estamos aqui hoje, assim como Alfredo, também sofremos e ainda vamos sofrer com as consequências de nossos atos enquanto encarnados – comentou o orientador Carlos.

– Se todos nós aqui pudéssemos contar nossa história de vida, com certeza o irmão José Ernesto teria material para muitas palestras – brincou um aluno.

– Tem razão, meu amigo – concordou José Ernesto. – Como disse o Mestre: "Quem não tem pecado, que atire a primeira pedra".

– José Ernesto – perguntou uma aluna –, quando você disse que as vidas de Alfredo e Maria Celeste tomaram rumos diferentes, você quis dizer que eles nunca mais vão se encontrar nessa encarnação?

– Não afirmei isso; apenas disse que, para o momento, a vida de cada um seguiria um caminho diferente. "O futuro a Deus pertence", minha filha. Por enquanto, cada um tem sua missão para cumprir; se estiver programado um reencontro para os dois no futuro, a vida se encarregará de juntá-los.

– Mas é claro que Maria Celeste não vai querer nem ouvir falar do Alfredo, depois de tudo o que ele lhe fez. Se Alfredo aparecer na frente dela, com certeza, ela chamará a polícia! – sentenciou a aluna.

– A vida sempre nos oferece surpresas, meus caros!

– Será que ela tem chance de perdoá-lo? – perguntou Roberto.

– O amor verdadeiro é capaz de maravilhas, meus amigos!

– Eles são almas com grande afeição mútua, irmão? – quis saber Roberto.

– Sim, ambos são almas afins, são espíritos que sentem afinidades um pelo outro e no futuro dar-se-ão conta disso. Esse amor incondicional será responsável por incríveis transformações na vida de nossos irmãos. Como disse o apóstolo Paulo: "Ainda que eu falasse a língua dos anjos e dos homens, se eu não tivesse amor, nada seria..."

– Isto é lindo – exclamou uma aluna.

– José Ernesto, ouvimos que Maria Celeste tinha um caminho difícil para trilhar. Mas como assim? Ela não é a vítima da história?

– Meus queridos, no mundo não existem vítimas nem réus, nem culpados nem inocentes; somos todos prisioneiros de nossos próprios atos. Nossa função é nos corrigirmos e nos melhorarmos. Às vezes, fazemos coisas boas e somos recompensados; outras vezes, fazemos coisas ruins e somos chamados à responsabilidade. Ninguém é malvado ou bonzinho o tempo todo; temos momentos bons e momentos ruins. O maravilhoso de tudo isso é que Deus sempre nos dá outra chance de acertarmos. Deus é infinito em sua misericórdia; devemos dar graças a Ele por ser assim.

– Quer dizer que Maria Celeste também vai sofrer na vida, assim como Alfredo?

– Não digo sofrer; ela vai aprender o que a vida tem para lhe ensinar.
– Isso me parece injusto! – insistiu a aluna.
– Calma, minha filha. Vocês estão sendo imaturos ao fazer um prejulgamento dos acontecimentos. Como já lhes disse, a vida sempre segue seu caminho, e o tempo se encarrega de nos transformar em pessoas melhores. O tempo é nosso maior amigo.
– Tem razão, irmão José Ernesto. E, como sempre dizia minha avó: "Deus sempre sabe o que faz, e nós não sabemos o que falamos". – Afirmou o orientador Carlos, sorrindo.
– Exatamente, meu amigo. Na óptica de Deus, tudo é perfeito; a imperfeição do mundo somos nós, com nossos erros e falhas. Nós é que somos responsáveis pelo próprio aprimoramento, afinal, Deus nos quer perfeitos e, enquanto não chegamos à perfeição, Ele nos vai aceitando como somos, imperfeitos e imaturos.
– Sabe, irmão José Ernesto, quando eu era criança na Terra, sempre ouvia as pessoas dizerem que Deus castigava os pecadores, então eu imaginava Deus lá no céu, sentado em uma nuvem, jogando raios na cabeça dos pecadores para castigá-los.
Todos riram da explicação de Roberto.
– Ora, vocês estão rindo de quê? Toda vez que acontecia algo de ruim com alguém, sempre tinha um por perto para dizer: "Estão vendo? Foi castigo de Deus! Cuidado, Deus castiga os pecadores!"
– Tem razão, Roberto. Realmente temos a mania de dizer que Deus castiga, quando na verdade somos nós os próprios algozes.
– É verdade, irmão José Ernesto. Foi para isso que Deus nos deu a consciência – concluiu Roberto.
José Ernesto sorriu com a afirmação do aluno.
– Por favor, irmão José Ernesto, continue a história – pediu Roberto, muito interessado em saber sobre o destino trágico de Alfredo.

REGENERAÇÃO

Alfredo estava se recuperando bem. Depois da sessão de desobsessão e do desabafo com sua mãe, sentia-se mais leve e mais feliz. Não demorou para que levantasse da cama. Depois de tanto tempo deitado, teve que fazer muitas sessões de fisioterapia para recuperar novamente os movimentos. Foram dias difíceis, mas, como tudo na vida passa, esses dias ruins também passaram.

Durante sua recuperação, dona Mônica não se afastou do filho, desejando recuperar o tempo perdido. Pela primeira vez em muito tempo, Alfredo se dizia feliz, embora o remorso amargurasse seu coração. Sentia que tinha que fazer alguma coisa para se regenerar, mas ainda não sabia o quê. Quando enfim ficou totalmente recuperado, Camilo chamou-o para uma conversa.

– Alfredo, meu filho, já está na hora de termos uma conversa esclarecedora, para o seu próprio bem.

– Eu sei, irmão; meu passado me condena. Às vezes, acho que vou ficar louco de tanto pensar.

– É natural, meu filho. Você passou por momentos difíceis em sua vida, momentos esses que já estão na hora de serem superados.

– O senhor diz isso porque não sabe o que fiz para vir parar aqui. Aliás, se o senhor tiver tempo, gostaria de conversar sobre isso. Talvez o senhor possa me ajudar.

– Alfredo, não há nada sobre você que eu ainda não saiba.

– Como assim?

– Eu o aceitei aqui exatamente por causa de seus problemas; se não fosse por eles, não haveria razão de você estar aqui.

– Ah, minha mãe deve ter lhe contado tudo.

– Engano seu. Sua mãe não me disse nada que eu já não soubesse.

– Então, não entendo!

– Alfredo, você não está aqui por acaso. Sua chegada aqui foi proposital; era preciso, para sua melhora e evolução. Nada nesta vida acontece por acaso; tudo tem um sentido. Você complicou sua vida a tal ponto, que uma intervenção séria se fez necessária; caso contrário, esta sua encarnação estaria completamente comprometida.

– Mais uma vez, me desculpe, mas o senhor fala de coisas que eu ainda não compreendo.

– Alfredo, me diga uma coisa: você tem alguma religião, meu filho?

– Não, não tenho.

– Acredita em Deus?

Alfredo baixou a cabeça enquanto respondia:

– Não sei responder a essa pergunta no momento. Quando eu era criança, minha mãe me ensinou a rezar para o "Papai do Céu", então, eu rezava acreditando que lá em cima existia um Pai que olhava por mim. Quando cresci, fui aos poucos perdendo o hábito das orações. A vida atribulada me tomava todas as horas, e eu não tinha tempo para perder. Minha mãe sempre me chamava para ir à igreja com ela nos fins de semana, mas eu nunca tinha tempo livre para ir.

Alfredo parou e suspirou fundo, lembrando-se do olhar triste da mãe enquanto ia para a missa sozinha.

– Como eu não tive pai, me apeguei muito ao meu avô. Quando ele se foi, uma revolta enorme tomou conta de mim, e acabei brigando com Deus e cortando relações com Ele, definitivamente.

– Por quê?

– Ora, que espécie de Pai cruel ele era? Primeiro não me deu a oportunidade de ter um pai de verdade; depois, também me tirou aquele que o substituía, me deixando sozinho com minha mãe. Meu avô era mais que um pai para mim, ele era meu amigo. Minha revolta com Deus ficou grande, por isso, resolvi esquecê-lo.

– Entendo – disse Camilo com um suspiro.

– Quando fui embora para a capital, minha vida se tornou mais difícil e amarga. Mais uma vez, culpei Deus por isso. Se Ele não tivesse me tirado meu avô, ainda estaria em casa com minha mãe. Resumindo: se Ele era culpado por tudo de ruim que estava acontecendo em minha vida, por que eu deveria me interessar por Ele?

– E agora, o que você pensa?

– Ainda não parei para refletir sobre isso; minha cabeça está confusa. Durante o tempo em que estive prostrado na cama, coisas esquisitas aconteceram comigo.

– Que tipo de coisas?

– Não sei explicar. Sonhos estranhos, pesadelos, alucinações pelo efeito dos remédios; cheguei a um ponto em que não sabia mais o que era real ou fantasia. Isso acontecia enquanto eu dormia e também enquanto estava acordado. Eu via pessoas estranhas, conversava com elas. Também via seres horripilantes, que zombavam de mim. Havia momentos em que me sentia feliz; em outros, ficava apavorado. O que não saía da minha cabeça era o rosto assustado da moça que eu prejudiquei. Seu choro triste me persegue aonde quer que eu vá, como um castigo pelo que fiz.

– Chamamos isso de remorso, meu filho.

– E como faço para me livrar dele?

– O caminho é árduo; o que nos redime o coração é o trabalho.

– Tudo o que sei é que minha cabeça está confusa. Não consigo compreender o que aconteceu comigo neste tempo em que estive inconsciente. Acho que vi ou sonhei com meu avô e com um homem que me parecia ser um anjo. Ao que parece, prometi alguma coisa para eles, mas não consigo me lembrar o quê. Quando tento, minha cabeça dói.

– Meu filho, eu posso ajudá-lo, mas, para isso, você terá que aceitar minha ajuda. Não será tarefa fácil; você terá que trabalhar e estudar muito. Não vou lhe prometer uma vida tranquila e feliz. Você encontrará muitas dificuldades pelo caminho, mas posso lhe garantir que o resultado valerá a pena. Só depende de você!

– E o que eu tenho que fazer? Tenho que me converter à sua religião?

– Não, de forma alguma – respondeu Camilo com um sorriso. – Não é isso o que eu quero de você.

– Então...?

– Alfredo, você ainda está se recuperando, e sua mãe está do seu lado, apoiando-o. O que eu tenho para lhe propor é muito simples. Quero que venha trabalhar comigo. Como você percebeu, nossa casa não é uma instituição financeira; não visamos ao lucro, e sim à melhora e à reabilitação dos pacientes. Necessitamos de toda ajuda possível. Você é um jovem de talento e tem muito potencial. O que me diz de doar algumas horas do seu dia em favor dos amigos necessitados?

– E o que eu poderia fazer para ajudar?

– Como disse, não somos uma instituição financeira; vivemos de doações. Como já expliquei para sua mãe, aceitamos todo tipo de ajuda. Faz algum tempo, chegou até nós a doação de alguns computadores. Como ainda não encontramos utilidade para eles, estão guardados em caixas no depósito. O que me diria se eu lhe pedisse para vir ensinar computação aos meus pacientes?

– O senhor está me oferecendo um trabalho?

– Não, estou lhe oferecendo uma ocupação. Não se esqueça de que não temos fins lucrativos. Não tenho como lhe pagar por seu trabalho.

– Certo, como queira. Mas o senhor está me oferecendo, então, uma ocupação?

– Sim. Tudo o que quero é ocupar essa sua cabeça vazia, para você não voltar a fazer besteiras.

Camilo deu uma piscadinha amigável para Alfredo, que acabou sorrindo, mesmo sem vontade.

– E como funcionariam essas aulas?

– Simples! Você abre as caixas, monta os computadores, escolhe o dia e a hora que quiser, e ensina os pacientes. Será uma terapia, tanto para você como para eles.

– O senhor tem um jeito engraçado de convencer as pessoas.

– Ora, convenci você, não convenci?

– Está bem. Quando começo?

– Agora! Ou você acha que aquelas caixas vão se abrir sozinhas?

Alfredo se levantou e abraçou Camilo carinhosamente. Os dois foram conversando com animação até o depósito.

– Alfredo, pode me fazer um último favor?

– Sim senhor!

– Pare de me chamar de senhor. Chame-me apenas de irmão Camilo.

– Sim senhor!

※

A vida de Alfredo aos poucos se transformava; agora ele tinha um motivo para seguir em frente e ser feliz. Abriu as caixas e montou os computadores. Em uma semana, a "sala de informática" da Casa dos Aflitos já estava pronta para uso. As aulas de informática como terapia ocupacional foram divulgadas, e muitos foram os pacientes interessados. Alfredo montou três turmas e passou a ministrar aulas todas as tardes.

Dona Mônica estava muito feliz. Alfredo recebeu alta e foi para casa, porém, todas as tardes os dois retornavam para o trabalho voluntário.

Certo dia, dona Mônica pediu que irmão Camilo lhe explicasse o que de fato era esse tal de espiritismo.

– Pois não, irmã, estou à sua disposição. O que a irmã deseja saber?

– Tudo o que o irmão puder me explicar.

– Tudo bem. Se a irmã tiver os próximos anos de sua vida disponíveis para me ouvir, posso começar agora mesmo – brincou Camilo.

– Nossa! É tão complicado assim?

– Não, complicado não, mas é muita informação para ser digerida. Vamos fazer o seguinte: vou lhe emprestar alguns livros; à medida que for lendo e tendo dúvidas, a irmã me procura e conversaremos sobre o assunto. Será melhor assim; caso contrário, posso deixá-la confusa com muita informação de uma só vez.

– Se o irmão acha melhor...

– Agora me responda a uma pergunta: por que a curiosidade sobre o assunto?

Dona Mônica ficou constrangida com a indagação. Não sabia se devia ou não responder.

– Tudo bem, irmã, pode falar.

– Não quero magoá-lo com bobagens.

– Que é isso, irmã. Somos amigos, pode falar.

– Bom... o irmão sabe como as pessoas falam demais, principalmente sobre a vida alheia.

– E como sei! – disse ele, levantando as mãos para o céu em sinal de súplica.

– Quando fui à missa no domingo, percebi que algumas pessoas me olhavam de uma forma estranha. No final da missa, o padre me chamou para conversar. Ele disse que as pessoas estavam reclamando da minha conduta. Se agora eu estava frequentando o espiritismo, então não deveria mais ir à igreja.

– E o que foi que a irmã respondeu?

– Que, até onde eu sabia, ainda não tinha mudado de religião. Se estava frequentando a casa era porque meu filho estava em tratamento, e que ninguém havia me pedido para mudar de religião. Falei que tinham tratado meu filho sem me cobrar um tostão e que não me exigiram nada.

— E o padre?

— Ficou constrangido. Disse-me que não fazia aquilo por mal, mas as beatas estavam esquentando a orelha dele com aquele falatório todo e, para poder se livrar delas, ele tinha dito que conversaria comigo.

— Certo. E depois?

— Eu me levantei e fui embora. Irritada, é claro — exclamou ela, fazendo uma careta.

Camilo riu da cara feia de dona Mônica.

— Outro dia, uma vizinha também veio até minha casa e me disse para me afastar do espiritismo, pois isso era coisa do demônio, e que, se eu não tomasse cuidado, iriam roubar minha alma.

Camilo riu mais ainda. Para espanto de dona Mônica, ele estava se divertindo muito com aquela conversa.

— Não entendo do que o irmão está rindo.

— Desculpe-me, irmã, mas não resisti. Agora me diga: o que a irmã deseja fazer?

— Nada! Ou melhor, quero continuar fazendo o que estava fazendo até então, ajudando. Apenas desejaria saber mais sobre o assunto, pois até agora, preocupada como estava, só conseguia pensar na recuperação do meu filho. Agora que ele se recuperou, quero saber mais sobre essa religião maravilhosa, que fez o milagre de me devolver meu filho inteirinho, como eu o coloquei no mundo.

— Francamente, a irmã tem cada uma... Pois bem, se é conhecimento que a irmã deseja, me acompanhe até a biblioteca, por favor.

Camilo levou dona Mônica até a biblioteca e emprestou-lhe alguns volumes espíritas.

– E então, Alfredo, como está passando? Melhor, espero – falou Camilo, quando Alfredo chegou para começar a aula do dia.

– Estou melhorando um pouquinho por dia; não foi assim que o irmão disse que eu melhoraria?

– Foi sim. Ainda bem que minha profecia está se cumprindo – brincou Camilo. – No entanto, Alfredo, percebo que você está preocupado com alguma coisa. Será que posso ajudá-lo?

– Não é nada de mais; só que, nesta última semana, não tenho conseguido dormir direito.

– Por quê?

– Pesadelos.

– Que tipo de pesadelos? Talvez eu possa auxiliá-lo.

– Acordo no meio da noite vendo vultos e ouvindo vozes. Só podem ser pesadelos.

– E como são esses pesadelos?

– Os vultos parecem rir de mim. Eles me pegam e me levam para lugares aonde não quero ir. Eles me atormentam, acusam-me de ser covarde, entre outras coisas.

– Posso lhe dar uma sugestão?

– Claro!

– Por que você não lê algo todas as noites antes de dormir, assim sua mente ficará ocupada e não sobrarão brechas para você ter pesadelos?

– E o que o senhor sugere que eu leia?

– Se quiser, podemos ir à biblioteca da casa e eu lhe indico alguns livros.

– Se o irmão puder me fazer esse favor, eu agradeço.

– Então vamos.

Naquela noite, Alfredo preparou-se para dormir pegando o livro *O Evangelho segundo o Espiritismo*, indicado por Camilo, cuja leitura começou. Logo Alfredo ficou interessado. Já era madrugada quando deitou-se para dormir. Naquela noite, não teve pesadelos.

A leitura antes de se deitar acabou virando um hábito para Alfredo, que passou a se sentir melhor e, assim, livrou-se dos horríveis sonhos. Não demorou para que Alfredo se tornasse um amante da leitura e entusiasta do espiritismo.

Certa tarde, enquanto seguia para o trabalho voluntário, Alfredo resolveu conversar com sua mãe sobre o espiritismo:
– Mamãe, posso lhe perguntar uma coisa?
– Claro, meu filho!
– Percebi que nos últimos dias a senhora também está envolvida com os livros emprestados pelo irmão Camilo. O que a senhora está achando deles?
– Tem razão, meu filho, ele também me emprestou alguns, e devo lhe dizer que acabei me interessando pelo assunto.
– Até outro dia eu estava muito confuso com tudo isso que me aconteceu. Também preciso confessar para a senhora que estava brigado com Deus.
– Como assim, meu filho, brigado com Deus?
– Ah, sei lá! Estava culpando Deus por tudo o que tinha acontecido comigo. Outro dia, o irmão Camilo me perguntou se eu acreditava em Deus, e eu não soube o que responder. Não está sendo fácil consertar tudo o que estraguei. Agora, depois de ter lido os livros que ele me emprestou, não sei... Sou forçado a aceitar que existe uma força muito maior que governa nosso mundo.
– Você está acreditando em Deus agora, meu filho?
– Não sei, mãe. Acho que ainda não estou pronto para responder a essa pergunta.
– E o que está lhe faltando para ter certeza?
– Talvez um conhecimento maior sobre o assunto. Preciso me aprofundar mais nos estudos.
– Sabe, filho, estive pensando... Esse assunto de espiritismo é muito interessante; é só olhar o trabalho que é realizado nesta casa. Nunca tinha visto nada igual antes. Eles ajudam qualquer um, não importando nem o credo nem a condição financeira. Nesse tempo que passei ajudando na casa, pensei muito e cheguei à conclusão de que as pessoas que realizam um trabalho como este não podem estar envolvidas com coisas ruins, como muita gente ignorante fala.

– Sabe de uma coisa, mãe? Outro dia vieram me perguntar se para melhorar eu tinha vendido minha alma para o diabo.

– E o que você respondeu? – perguntou dona Mônica, assustada.

– Nada. Sorri e fui embora, achando muita graça naquela idiotice toda.

– O que eu tenho notado, meu filho, é que as pessoas ainda têm muito preconceito, principalmente com aquilo que não conhecem. Quando não conhecemos o assunto, começamos a fantasiar sobre ele, e é aí que mora o perigo.

Os dois ficaram pensativos por um tempo.

– Sabia, filho, que na casa tem um grupo de estudos? Eles se reúnem uma vez por semana para estudar assuntos envolvendo o espiritismo.

– Sério?

– É! Estou com vontade de pedir permissão para o irmão Camilo para poder estudar. O que você acha?

– Acho que, se a senhora for, eu vou também.

Naquele dia, assim que chegaram à casa, foram procurar por Camilo.

– Irmão Camilo, gostaríamos de frequentar o grupo de estudos. Será que podemos? – perguntou Alfredo, um tanto tímido.

– Mas é claro! Só estava esperando vocês me pedirem isso.

※

Alfredo e dona Mônica começaram a frequentar o grupo de estudos. A cada dia, Alfredo se interessava mais pelo assunto. Não demorou muito, e Alfredo e dona Mônica transformaram-se em adeptos do espiritismo. A Casa dos Aflitos passou a fazer parte da vida dos dois.

Alfredo não se tornou médium ou tão pouco vidente, nem adquiriu habilidades para a psicografia; seu talento estava na ajuda que prestava aos mais necessitados. Ouvia com carinho e paciência todos os irmãos que o procuravam em busca de auxílio.

Uma vez por semana, em casa, eles praticavam o Evangelho no Lar, para pedirem proteção e renovação da fé na nova doutrina.

Com o tempo, Alfredo conseguiu um emprego na cidade. Uma empresa de computação abriu uma filial por lá, e Alfredo foi um dos contratados. Mesmo trabalhando, todas as tardes, depois do serviço, Alfredo seguia para dar suas aulas de computação. Leandro, o filho de seu João, tornou-se amigo e braço direito de Alfredo, e passou a ajudá-lo com o curso.

Aos poucos, Alfredo foi tomado por uma vontade incrível de voltar a estudar. Com o auxílio de dona Mônica e Camilo, o rapaz prestou vestibular e entrou para a faculdade de Psicologia.

No início, Alfredo enfrentou várias dificuldades; não estava fácil conciliar os estudos com o trabalho e o voluntariado. A faculdade ficava na cidade vizinha, e Alfredo ia e voltava de ônibus, chegava tarde em casa e, no outro dia, tinha que levantar cedo para trabalhar.

Assim, em meio a muitas dificuldades, o tempo foi passando, e Alfredo, melhorando e trabalhando muito. Foi com muita alegria que ele concluiu o curso e formou-se psicólogo. No dia da formatura, dona Mônica e Camilo estavam lá, aplaudindo com muita fé e amor o jovem formando. Logo Alfredo conseguiu colocação no hospital da cidade; agora ele era "doutor" Alfredo, o psicólogo.

Mesmo trabalhando e estudando muito, Alfredo passou a atender na casa como psicólogo e tornou-se o braço direito de Camilo. Leandro ficou encarregado das aulas de computação, para alegria de seu João.

Alfredo trabalhava com amor e não demorou para cativar os pacientes. Ele usava a psicologia unida ao espiritismo; dessa forma, conseguia melhores resultados em seu trabalho. Dona Mônica não se cabia de contentamento pelo sucesso do filho. Agora sim seu filho era um homem honesto e trabalhador, o sonho de qualquer boa mãe.

No entanto, Alfredo não era completamente feliz. Uma nuvem negra pairava sobre sua cabeça. Embora estivesse sempre sorrindo por fora, por dentro, havia uma mancha que o impedia de ser feliz. Camilo percebia essa sombra no olhar de Alfredo e orava muito por seu protegido. Um dia, Camilo o chamou para conversar.

– Alfredo, meu filho, venha cá. Vamos conversar um pouco.

Alfredo se aproximou de Camilo e sentou-se ao seu lado, no banco do jardim da casa.

– Alfredo, você está feliz?

– Que pergunta, irmão. Claro que estou feliz. Como poderia não estar, se consegui alcançar todos os objetivos que tracei para minha vida nesses últimos anos?

– Então, vou mudar minha pergunta: Alfredo, você é feliz?

Alfredo entendeu o que Camilo queria dizer. Por mais que se esforçasse, não conseguia ser totalmente feliz; o remorso ainda o acompanhava.

– O irmão, melhor do que eu, sabe o que me impede de ser completamente feliz.

– Talvez, meu filho, esteja se aproximando a hora de você reparar os erros do passado.

– Como assim? – disse ele assustado.

– Ainda não sei como, mas a hora da verdade se aproxima, meu filho. Prepare-se. Quando menos esperar, vai deparar-se com seu passado bem na sua frente.

– Credo! O senhor está me assustando com essa profecia.

– Não se preocupe; se a vida acha que está na hora de reparar os erros do passado, é porque você está pronto para enfrentar essa situação.

Alfredo suspirou fundo. Se um dia se deparasse com Maria Celeste, seria capaz de desmaiar de vergonha. Só de se lembrar de seus sonhos, onde via a moça lhe endereçando aquele olhar de ódio, já ficava com o coração apertado e cheio de remorsos.

Camilo resolveu mudar o rumo da conversa, pois percebera que Alfredo havia ficado nervoso e preocupado com o que ele dissera.

– E então, Alfredo, está gostando da sua nova ocupação?

– Sabe, irmão, nem nos meus sonhos mais fantásticos eu poderia me imaginar fazendo o que faço hoje.

– Para você ver, meu filho, as voltas que o mundo dá.

– Realmente, o mundo dá muitas voltas, e uma delas me trouxe até aqui.

– Arrependido?

– Muito! Não de estar aqui, mas da forma como vim parar aqui.

– Sua mãe nunca lhe disse que "Deus escreve certo por linhas tortas"? Foram seus erros que o trouxeram até aqui e o colocaram no caminho certo. Se não fosse assim, você ainda estaria na capital, consertando computadores e sendo infeliz.

– Às vezes eu me pego pensando em como seria minha vida se essa tragédia não tivesse acontecido.

– E a qual conclusão você chega?

– A nenhuma. Confesso que ainda não entendo os desígnios de Deus, tampouco compreendo o que Ele quer de mim.

– Não se preocupe com isso agora; posso lhe garantir que você está no caminho certo.

– Se o irmão diz, eu acredito.

Os dois ficaram em silêncio por algum tempo. Depois, Camilo perguntou:

– Alfredo, posso lhe refazer uma velha pergunta?

– Claro, irmão!

– Você acredita em Deus, meu filho?

Lágrimas rolavam dos olhos de Alfredo quando ele respondeu:

– Sim, irmão, hoje eu acredito em Deus.

– Só porque está bem?

– Não! Porque eu sofri muito para ficar bem e foi no sofrimento que eu encontrei Deus.

– Era essa a resposta que estive esperando de você todos esses anos.

Camilo abraçou carinhosamente Alfredo.

– Alfredo, meu filho, tenho uma novidade para você.
– Novidade? Adoro novidades, irmão Camilo. Pode contar.
– Bom, na verdade, trata-se de uma proposta de trabalho.
– Ora, assim o irmão está me deixando curioso. Cansou de mim e vai me mandar embora?
– Que é isso, meu filho... O que seria de mim sem você por perto? Não é nada disso. O fato é que vai ter na capital um curso sobre Transtornos Obsessivos Causados por Dependência Química. A duração do curso será de três meses, e a Federação Espírita convidou nossa casa para participar. Não teremos nenhum gasto, eles financiarão tudo; só me pediram que mandasse um psicólogo para representar a casa. Adivinha em quem eu pensei?

Alfredo pulou da cadeira.
– O irmão está falando sério?
– Claro que estou! Acha que eu brincaria com uma coisa dessas? Você sabe que todo ano temos cursos e palestras sobre assuntos que nos ajudam no tratamento com os pacientes. Precisamos estar sempre aprendendo e nos reciclando. Esse curso vai ser ótimo para a casa; aprenderemos muitas coisas novas e úteis para usarmos com nossos pacientes.
– Puxa vida! Que legal!
– Sabe por que fomos convidados?
– Por quê?
– Porque, quando você se formou, eu mandei um comunicado à Federação avisando que nossa casa finalmente contava com um psicólogo recém-formado, o doutor Alfredo. E sabe o que eles responderam?
– O quê?
– Que finalmente havia aparecido um psicólogo de verdade para tratar dos pacientes. Que não viam a hora de se livrarem de mim, um psicólogo de araque.
– Sério? – Alfredo arregalou os olhos, e Camilo começou a rir.
– Estou brincando, meu filho. Eles ficaram felizes em saber que enfim eu tinha conseguido alguém para me ajudar e, quem sabe, me substituir no futuro.

– Que é isso, irmão Camilo... O senhor é insubstituível.

– Você sabe que isso não é verdade, Alfredo. Um dia vou passar o comando da casa para alguém, e espero que esse alguém seja você.

– O irmão está louco para jogar a responsabilidade sobre as minhas costas, não é?

– Você sabe quanto tempo faz que eu não tiro férias? – brincou Camilo.

– Quanto tempo? Bom, desde que estou aqui, nunca vi o irmão sair de férias.

– Para você ver como minhas férias estão vencidas.

Os dois riram da brincadeira e foram procurar dona Mônica para contar a novidade.

※

– Mãe, podemos conversar um pouco?

– Claro, meu filho. O que o preocupa?

– Como a senhora sabe que estou preocupado?

– Eu o escutei andando pela casa de madrugada; você não conseguia dormir. Teve pesadelos novamente?

– Não, perdi o sono porque estou preocupado com a viagem.

– O que o está incomodando, filho?

– Quando Camilo me convidou, fiquei contente em poder fazer o curso, mas depois me lembrei...

– Lembrou o quê?

– Que foi na capital que tudo aconteceu. E se por acaso eu acabar cruzando com ela por lá? O que farei? A senhora sabe que, se ela fez um boletim de ocorrências sobre o que aconteceu, existe um processo, e eu posso ser preso a qualquer momento.

– Meu filho, não vou enganá-lo dizendo que o que você fez não foi grave, porém, o que está feito, está feito; não dá mais para evitar. Você errou muito e sabe que um dia a vida lhe cobrará isso; não sei como, mas você terá que resgatar seu erro. Tanto pode ser nesta quanto em outra encarnação. O que você não pode fazer é se esconder e deixar a vida passar. Você tem uma meta a cumprir, então, vá em frente e a cumpra. Os problemas, vamos resolvendo conforme forem aparecendo.

— A senhora tem razão; eu errei, mas não posso passar a vida inteira me escondendo do meu erro. Se este for o meu destino, se for pela prisão que vou me libertar dessa dívida, aceito o castigo. Mãe, eu faço qualquer coisa para me livrar dessa culpa que carrego comigo todos esses anos.

— Não se preocupe, filho. Um dia você vai conseguir se libertar desse sentimento tão triste que carrega no peito.

— Quem sabe um dia eu possa ficar frente a frente com ela, para poder lhe pedir perdão!

— Tomara, filho, tomara. Mas você acha que ela vai reconhecê-lo depois desses anos todos?

— Mãe, eu a reconheceria mesmo de costas. Seu rosto não sai do meu pensamento um só dia; aqueles lindos olhos azuis me condenam; seu choro triste me persegue aonde quer que eu vá. Esse é o meu maior castigo.

— Quem sabe, filho, depois desses anos todos, ela já o tenha perdoado.

— Ouvir de sua boca que ela me perdoa é o meu maior sonho.

— Filho, me responda uma coisa: você ainda ama essa moça?

Alfredo suspirou fundo, e seus olhos lacrimejavam quando respondeu:

— Nunca deixei de amá-la.

※

Enfim chegou o dia da viagem. Camilo e dona Mônica acompanharam Alfredo até a estação, e foi com o coração apertado que ele entrou no ônibus.

— Irmã, notei que Alfredo estava triste. O que o preocupa?

— Irmão Camilo, ele está voltando para onde se iniciou seu drama; está com medo do que está por vir.

— Então, por que ele foi?

– Porque ele não pode se acovardar nem recuar agora, não depois de tudo pelo que passou.
– Eu não esperava menos dele.
– O irmão acha que ele corre algum perigo por lá?
– Alfredo está indo ao encontro de seu destino; a vida está lhe cobrando pelos erros do passado. Durante estes últimos anos, ele foi preparado para o que está por vir. É seu destino, e não há nada que possamos fazer.
– Irmão, estou ficando preocupada. Meu filho corre algum risco de morte?
– Não, longe disso. Tudo o que vai acontecer com Alfredo é para seu crescimento espiritual. Vamos rezar, irmã, para que tudo aconteça da melhor maneira possível para os dois.
– Para os dois? Então o senhor acha que eles vão se reencontrar?
– E por que mais ele estaria voltando para lá? Os dois estão envolvidos nessa trama, portanto, ambos terão que resolver esse assunto juntos.
– Confesso que estou preocupada com meu filho. Tenho medo de que algo ruim lhe aconteça.
– Irmã, o caminho até a cachoeira é árduo e pedregoso, mas a visão da queda-d'água compensa as dificuldades do caminho. Não se preocupe; Alfredo está seguindo seu destino. Ele ficará bem; os amigos espirituais cuidarão dele. Pode confiar.

※

– Quem diria que, depois de tudo, Alfredo se regeneraria e se transformaria em bom moço – comentou Roberto.
– Pois não é sobre isso nossa palestra: regeneração? – disse José Ernesto com um sorriso. – O sofrimento nos transforma. Vocês já estão cansados de ouvir que, neste mundo, ou se aprende pelo amor ou pela dor. Cada um escolhe seu caminho. Alfredo escolheu o caminho da dor.
– O irmão está querendo dizer que a vida sempre nos impulsiona para o caminho certo? – perguntou uma aluna.

– Nós é que escolhemos o caminho que vamos trilhar, para podermos alcançar nossos objetivos. É como se eu desse um mapa do tesouro para cada um de vocês, mas com rotas diferentes para se chegar ao tesouro. No final, todos alcançariam o tesouro, mas por caminhos diferentes.

– Certo! Então o que realmente importa é alcançarmos os objetivos a que nos propusemos quando reencarnamos, seja por caminhos felizes ou tortuosos – argumentou Roberto.

– Se por acaso, durante nossa existência, pegarmos o caminho errado, a vida sempre dá um jeitinho de recolocar-nos no caminho certo. O que não podemos fazer é ficar parados na estrada. – Concluiu José Ernesto.

– E agora, o que vai acontecer com Alfredo? Ele vai se encontrar com Maria Celeste? Ela vai perdoá-lo ou vai jogá-lo na cadeia? – perguntou uma aluna, angustiada.

– Calma, minha filha. Uma coisa de cada vez. Cada coisa a seu tempo.

– Continue a história. O que aconteceu com Alfredo quando ele chegou à capital? – quis saber a preocupada aluna.

※

Alfredo desceu do ônibus angustiado. Durante toda a viagem, estivera pensativo. Estava assustado; tinha a impressão de que, a qualquer momento, um policial lhe daria voz de prisão. Quando se deparou com uma viatura na porta da rodoviária, ficou petrificado; seu coração disparou, e Alfredo quase desmaiou de susto. Sua volta para a capital não seria fácil; ainda estava refém de seus medos.

Hospedou-se em um simpático hotel, perto de onde se realizaria o evento. Alfredo tinha chegado com três dias de antecipação, tempo suficiente para instalar-se na cidade e fazer sua inscrição para o curso. Esses primeiros dias não foram fáceis; Alfredo ficou trancado no quarto, sempre assustado. De noite, não conseguia dormir; quando cochilava, tinha pesadelos com Maria Celeste e a polícia.

Todos os dias, Alfredo ligava para a mãe e Camilo, a fim de lhes dar notícias. Dona Mônica estava muito aflita com o filho na capital; temia por sua saúde, tanto física quanto mental. A vida estava colocando Alfredo à prova, e ela temia pelo resultado.

No primeiro dia de curso, Alfredo sentou no fundo da sala, com medo de ser reconhecido por alguém. Preocupado, quase não prestou atenção à aula. Foi só depois de quatro dias que Alfredo conseguiu relaxar. Passados os primeiros dias sem que nada de anormal acontecesse, sentiu-se mais tranquilo. Naquele dia, Alfredo conseguiu ter uma noite inteira de sono. Sonhou com seu mentor.

– Alfredo, qual é o motivo de tanta preocupação? – perguntou o mentor.

– Não sei, Anjo, mas estou aflito. Tenho a impressão de que alguma coisa de muito ruim vai me acontecer.

– Está com medo?

– Estou!

– Pois não deveria! Não confia em Deus? Você sabe que conta com o auxílio da espiritualidade para resolver os problemas que você mesmo causou. Alfredo, chegou a hora de enfrentar o passado e corrigir seus erros.

– Vou reencontrá-la?

– Você vai deparar-se com a parte de seu passado que precisa ser corrigida. Nada fica impune neste mundo, Alfredo; até as faltas mínimas precisam ser corrigidas. Só alcançamos a angelitude através da regeneração de nossas falhas.

– Como poderei corrigir meus erros do passado? O que terei que fazer para voltar a ter paz em minha vida?

– Na hora certa, você saberá o que fazer. Só vou lhe dar um conselho: fugir não vai adiantar; você terá que enfrentar seus medos. Nada de sair correndo desta vez.

– Você não pode me ajudar?

– E o que acha que estou fazendo? Abra seus olhos e olhe ao redor. Veja a quantidade de espíritos de luz que estão envolvidos nesta missão, para orientá-lo e protegê-lo. Você não está sozinho; estamos a seu lado. Tenha fé e perseverança; você vai conseguir.

— Vou tentar.
— Tentar não; vai conseguir. Em breve você será posto à prova e terá que enfrentar seu maior medo. Apenas não se desespere; quando tudo parecer perdido, é porque estará dando certo.
— Estou confuso. Não entendo!
— Só tenha fé e reze todos os dias, pedindo força e discernimento aos amigos espirituais. Seu avô mandou-lhe lembranças; ele não pode mais estar ao seu lado, tem suas tarefas para cumprir, mas não se esquece e ora por você sempre.
— Mande a ele um abraço por mim. Até breve, meu amigo.

Alfredo acordou assustado, suando frio. Havia tido um sonho estranho, mas uma coisa ficara em sua mente: o dia da reparação de seus atos estava próximo.

Naquela tarde ensolarada, depois do término das aulas, Alfredo resolveu dar uma volta em um parque próximo para relaxar. A tarde estava convidativa para um passeio ao ar livre. Alfredo estava mais relaxado; resolvera parar de se preocupar e esperar que as coisas acontecessem. Além do mais, se algo de ruim ocorresse com ele, era porque merecia, afinal, seu passado o condenava, e o remorso lhe corroía a alma. Tudo de ruim que viesse a lhe acontecer era por merecimento.

Alfredo caminhou pelo parque, movimentado àquela hora do dia. Depois de caminhar, comprou um saquinho de pipocas e sentou-se em um banco para saboreá-las, debaixo de uma grande árvore frondosa. Comia sua pipoca, distraído com os pássaros que se aproximavam dele, interessados no que comia. Ele achou graça e começou a espalhar pipocas pelo chão. Divertia-se ainda com os pássaros quando algo duro, de repente, bateu em sua cabeça, derrubando-o do banco.

Caiu sentado na grama, e as pipocas espalharam-se pelo chão, enquanto os pássaros fugiam assustados. Olhando para os lados, deparou-se com uma bola de futebol caída a seu lado. Logo um garotinho veio correndo ao seu encontro:

– Machucou, moço?

Alfredo levantou a cabeça e viu um menino de uns seis ou sete anos parado à sua frente. Ele parecia mais preocupado com a bola do que com a cabeça dolorida de Alfredo.

– O que aconteceu? – perguntou Alfredo, enquanto se levantava e se sentava no banco, ainda um pouco zonzo pela bolada na cabeça.

– Desculpe, moço – respondeu o menino com um sorriso. – Estava jogando bola e, sem querer, dei uma bolada na sua cabeça.

– Você não deve ser muito bom jogador – riu Alfredo.

– Na verdade, sou ruim mesmo. Também, não tenho com quem jogar! – O menino ficou um pouco triste e sentou-se no banco ao lado de Alfredo.

– Seu pai não joga com você?

– Eu não tenho pai.

– Desculpe-me. Fui inconveniente.

– Tudo bem, não precisa se desculpar; já estou acostumado.

– Posso perguntar o que aconteceu com seu pai?

– Pode. Eu não o conheço; minha mãe diz que ele desapareceu no mundo. Ele nem sabe que eu existo.

– Puxa vida, isso deve ter chateado muito você!

– Na verdade, eu não ligo muito pra isso. Minha mãe é muito legal comigo; ela diz que é meu pai e minha mãe ao mesmo tempo. Também tenho meu avô e minha avó. Moramos todos juntos, e meu avô sempre tenta ocupar o lugar do meu pai. Ele passeia comigo, me traz no parque e até tenta jogar bola, só que ele é pior do que eu – falou o menino sorrindo.

– Você é bem esperto para sua idade. Quantos anos você tem?

– Obrigado. Minha mãe me diz a mesma coisa. Vou fazer sete logo, logo.

– Que bom. Acho que vou lhe dar uma bola de plástico de presente, assim, da próxima vez que acertar minha cabeça, doerá menos.

Os dois riram da brincadeira.

– Moço, você não se machucou, não é? Se quiser, minha mãe pode dar uma olhada na sua cabeça; ela é médica.

– Não precisa se preocupar, estou bem.

– Qual é o seu nome, moço?

– Ah! Desculpe-me. Que indelicadeza a minha. Meu nome é Alfredo, e o seu? – perguntou ele, estendendo a mão para o garoto.

– Eu me chamo Afonso; é o nome do meu avô – respondeu o menino, apertando-lhe a mão.

– Engraçado... Sabe de uma coisa? Temos muito em comum. Eu também não conheci meu pai e também tenho o nome do meu avô.

– É mesmo? Que legal!

– E sabe de outra coisa? Como você é um garoto legal, se quiser, eu posso vir jogar futebol com você no parque todas as tardes. O que acha disso?

– Está falando sério?

– Claro que estou!

– Então eu aceito!

Entusiasmado com o convite de Alfredo, Afonso pulou no colo dele e o abraçou. Alfredo foi tomado por uma profunda emoção. Aquele menino estava passando pela mesma situação que ele quando garoto: sem pai, apenas com o avô como figura masculina, sem amigos e sem ninguém para jogar futebol.

– Afonso! – gritou uma voz ofegante.

– Estou aqui, vovô! – respondeu o menino.

– Ah! Aí está você. Estava procurando-o para irmos embora.

– Vovô, este é meu amigo Alfredo. Ele vai jogar futebol comigo todas as tardes aqui no parque.

– Como assim? – perguntou o velho, preocupado.

– Desculpe-me, senhor. Vou explicar o que aconteceu. Meu nome é Alfredo. Eu estava sentado aqui quando fui atingido por uma bolada misteriosa. Logo em seguida, encontrei este simpático garoto, que estava procurando a bola. Começamos a conversar e nos esquecemos da hora.

– E quem é o senhor?

– Meu nome é Alfredo. Moro em uma cidade do interior, sou psicólogo e estou aqui para fazer um curso.

– Ah! Desculpe-me pelo meu neto; ele é impulsivo e tagarela. Descuidei dele por um minuto, e ele sumiu. Espero que não tenha incomodado ou machucado o senhor.

– De forma alguma. Ele só me proporcionou uma bela dor de cabeça. Estávamos conversando, e ele reclamou por não ter um parceiro para o futebol. Eu me prontifiquei a jogar com ele, caso o senhor não se oponha. Tenho a impressão de que salvaremos muitas cabeças com essa medida.

Eles riram do gracejo de Alfredo.

– Seria muita bondade sua. Eu tento jogar com ele, mas meu joelho não aguenta muito tempo.

– É verdade. O vovô consegue ser pior que eu no futebol. O vovô só é bom no xadrez.

– Pois eu me prontifico a jogar com você enquanto durar o meu curso por aqui.

– E por quanto tempo pretende ficar?

– A previsão do curso é de três meses.

– Ah, só isso? – choramingou o menino.

– Infelizmente, é só o que posso fazer. Mas posso lhe garantir que nos divertiremos muito.

– Então está bem. Vovô, o senhor me traz aqui todas as tardes, para eu jogar bola?

– Se não for incomodar o moço...

– Farei isso com gosto, senhor Afonso.

– Como sabe meu nome?

– O Afonso Neto me disse.

– Tagarela! Agora se despeça do rapaz e vamos embora. Sua mãe nos espera, e você já atormentou demais o pobre homem.

– Tá bom, vovô. Até amanhã, Alfredo – despediu-se o menino com um forte abraço.

Alfredo foi para casa feliz. Havia se identificado com o garoto. Quando o menino começara a contar seus problemas infantis, Alfredo pôde se ver projetado nele. A infância sem pai nem amigos, o ardente desejo de ter alguém para brincar e conversar. O fato infeliz de não ter um pai para ofertar os presentinhos da escola no Dia dos Pais; de não ter um pai para acompanhá-lo até a escola e para conversarem sobre garotas. Alfredo sabia bem como doía tudo aquilo; talvez fosse por isso que resolvera ajudar o garoto.

Queria alegrar um pouco a vida do menino, pelo menos enquanto estivesse na cidade. Como ele teria sido mais feliz se, quando garoto, alguém se propusesse a fazer o mesmo por ele...

Naquela noite, Alfredo adormeceu pensando no menino. Sonhou com seu mentor; ele estava feliz e sorria para Alfredo. Ao seu lado, o garotinho balançava-lhe a mão com gestos frenéticos. Sorrindo, o menino correu até Alfredo e abraçou-o calorosamente. Quando Alfredo acordou no dia seguinte, ainda podia sentir o calor dos bracinhos do menino em volta do seu pescoço.

Alfredo foi para o curso bem-disposto. A toda hora olhava o relógio, esperando que o tempo passasse rápido. Foi com satisfação que viu chegar o fim das aulas do dia. Com rapidez, foi para casa trocar de roupa.

Quando chegou ao parque, devidamente vestido com shorts e camiseta, encontrou seu amigo à espera.

– E então? Demorei? – perguntou ele sorrindo.

– Não. Eu é que cheguei cedo demais.

– Realmente ele chegou bem cedo – confessou o avô. – Já faz mais de meia hora que está sentado aqui esperando por você. A ansiedade era tanta, que ele me fez trazê-lo antes do horário.

– Tudo isso era medo de eu não aparecer?

– Não; eu sabia que você viria. É que eu não queria perder nem um minuto da brincadeira.

– Então vamos jogar imediatamente. O senhor vem também, seu Afonso?

— De jeito nenhum! Prefiro esperar sentado.
— Tudo bem. Vamos lá, garoto.

Afonso saiu correndo com a bola embaixo do braço. Não demorou, e os dois se divertiam jogando futebol. Afonso correu, pulou, rolou pelo chão e fez tudo o que sempre sonhou fazer quando encontrasse com o pai. O menino estava se divertindo como nunca. Alfredo também não deixou por menos: fez tudo o que sempre quis fazer; naquele momento, era tão criança quanto Afonso.

Sentando no banco, seu Afonso observava os dois juntos. O avô nunca tinha visto o neto tão feliz. Os olhos do velho se encheram de lágrimas ao observar aquela cena familiar. Era incrível a semelhança física entre os dois; facilmente passariam por pai e filho. Até mesmo o jeito de andar de ambos era parecido. Como podia?

Quando se está feliz, o tempo passa rápido, e foi com muita reclamação que Afonso voltou para casa com o avô.

Assim, passaram-se duas semanas em meio a muita diversão, futebol, pipoca e sorvete. Afonso não se cabia de tanta felicidade. Em casa e na escola, não falava de outra coisa. A mãe do menino já estava ficando enciumada com o tal do Alfredo.

Em uma tarde ensolarada, seu Afonso chamou Alfredo para uma conversa.

— Alfredo, se estiver cansado do meu neto, é só avisar. Sei que ele está abusando da sua boa vontade. Eu, inclusive, acho louvável sua paciência com o menino. No entanto, se estiver cansado e quiser parar, eu vou compreender.

— De forma alguma, seu Afonso. Eu gosto realmente do garoto. Sei como ele se sente; também fui criado sem pai. Fico feliz por estar trazendo um pouco de alegria para a vida dele. Só Deus sabe quanto eu desejei que o que está acontecendo com ele tivesse acontecido comigo.

— Eu lhe agradeço muito pelo que está fazendo, meu rapaz. Que Deus o abençoe!

— Só tenho medo da reação dele quando eu tiver que ir embora.

— Realmente, vai ser muito difícil para ele se afastar de você. Por outro lado, vai ter muito do que se recordar. Mesmo que por pouco tempo, você está enchendo a vida dele de alegria. Obrigado!

Afonso voltou com três cachorros-quentes nas mãos. Os três sentaram-se à sombra de uma árvore para comer.

— Alfredo — disse o garoto com a boca cheia —, minha mãe quer conhecer você.

— Claro; quando ela quiser, é só me falar — respondeu ele, limpando o canto da boca sujo de mostarda.

— Sabe, ela está com ciúmes de você.

— Com ciúmes? Mas por quê?

— Ora, por quê? Este menino não para um só minuto de falar em você! — disse o senhor Afonso, passando a mão nos cabelos do neto. — Lá em casa, ninguém aguenta mais ouvir as histórias sobre o futebol no parque de todas as tardes.

Alfredo sorriu enquanto mordia seu cachorro-quente.

— Como lhe falei outro dia, minha mãe é médica, e ela trabalha muito; quase não tem tempo de brincar comigo. Eu passo a maior parte do tempo com meus avós. Agora que eu consegui um amigo para brincar, ela está com ciúmes. Disse que eu fico mais com você do que com ela.

— Afonso, se sua mãe está zangada, não era melhor passar mais tempo com ela?

— E quem falou que ela tem tempo livre para ficar comigo? Até nos dias de sua folga o hospital telefona pra casa para ela ir trabalhar.

— Realmente, nesse ponto meu neto tem razão. Minha filha trabalha muito naquele hospital.

— Não falei? — disse o menino, satisfeito.

— O problema é que estão faltando médicos para o serviço, o que acaba sobrecarregando os poucos que eles têm.

— Enquanto isso, minha mãe se mata de tanto trabalhar, e eu fico sozinho.

Alfredo se divertia muito com a espontaneidade do garoto; ele era bem articulado e esperto. Nada escapava de suas observações infantis, principalmente se estivesse sendo lesado.

– Amanhã é o dia de folga da minha mãe. Ela pode vir até aqui comigo para conhecer você?

– Mas é claro! Vou ficar feliz em conhecer sua mãe. Se ela for tão legal quanto você e seu avô, tenho certeza de que também seremos bons amigos.

– Nem pensar! Você é meu amigo, e eu não vou dividir você com ninguém!

– Mamãe, já disse pro Alfredo que você quer conhecê-lo.

– E o que ele respondeu?

– Que está tudo bem. Você pode ir comigo amanhã até o parque, já que é seu dia de folga.

– Você já marcou o encontro? E se eu não puder ir?

– Não tem problema; eu já falei pra ele que você trabalha demais e não para em casa.

– Afonso! Isso são coisas para você comentar com um estranho, menino?

– Ele não é um estranho, é meu amigo.

– E o pior é que ele falou mesmo; eu estava perto e ouvi tudo – confirmou seu Afonso.

– Ah, esse menino ainda me mata de vergonha. Como o senhor o deixa sair por aí falando essas coisas, papai?

– Como se fosse possível fechar a matraca desse menino!

– Eu também disse pra ele que só eu posso ser amigo dele. Senão, você me passa a perna, e eu fico sozinho de novo.

– Como assim? Que conversa mais sem propósito é essa, Afonso?

– Ah, vocês pensam que eu sou bobo, mas não sou não... Sei muito bem como funcionam essas coisas. Vocês dois são solteiros, bonitos e estão sozinhos. Se ficarem muito tempo juntos, vão acabar namorando, e eu vou ficar sozinho novamente.

– Que conversa mais besta é essa, menino? Não sei de onde você tira essas ideias malucas!

— Tem certeza de que esse menino só tem seis anos mesmo, minha filha?

— Sabe, papai, às vezes eu também duvido!

❈

Alfredo chegou em casa feliz. Tomou um banho e preparou-se para jantar. Depois que deixou a lanchonete onde jantava todas as noites, voltou para casa. Ligou para sua mãe, como de costume, e contou as novidades do dia. Cansado, resolveu deitar-se. Não demorou, e já estava dormindo.

Alfredo teve um sono conturbado, repleto de pesadelos. Acordou no outro dia cansado e mal-humorado. Tomou um banho para relaxar e desceu para o café da manhã. Seguiu para o curso inquieto; alguma coisa o incomodava.

As aulas terminaram, e ele foi direto para casa, tomou outro banho, trocou de roupa e foi para o parque. Iria conhecer a mãe de Afonso e estava curioso. Se ela fosse tão simpática quanto o filho, seria fácil tornarem-se amigos.

Foi em meio aos seus devaneios em relação à mãe de Afonso que Alfredo chegou ao parque. E, assim que se viu lá, teve uma decepção: o menino estava só com o avô.

— Boa tarde, gente. Não está faltando um membro da família que eu tinha que conhecer hoje?

— O que foi que eu lhe disse? Hoje era o dia de folga da mamãe, mas o hospital ligou, e ela saiu correndo. Como sempre!

— Que pena! — confessou Alfredo.

— Não se preocupe; ela disse que vem para cá assim que terminar o atendimento de emergência.

Os dois foram jogar bola enquanto esperavam. Uma hora se passou, e os dois já haviam até se esquecido de quem aguardavam, quando uma voz feminina os cumprimentou:

— Boa tarde, rapazes! Aqui estou, como prometido.

— Olha, Alfredo! Essa aí atrás de você é minha mãe — disse o garoto, apontando com o dedo.

Alfredo virou-se sorrindo para, enfim, conhecer a mãe de Afonso. Porém, quando seus olhos cruzaram com o olhar sorridente da mãe do garoto, Alfredo teve uma vertigem e desmaiou, caindo de costas na grama macia do parque.

O RESGATE

Alfredo não estava bem; sentia o corpo flutuando no espaço, sem controle. Ao longe, ouvia uma voz feminina e suave pronunciar seu nome. Não conseguia ver quem o chamava. Seu corpo continuava flutuando, cada vez mais para cima. De repente, o corpo despencou rapidamente. Enquanto caía, a voz da mulher que o chamava ficava cada vez mais forte, mais forte, até que...

Alfredo acordou assustado. Estava deitado no solo do parque. À sua frente, algumas pessoas conversavam e chamavam por ele. Ao seu lado, uma mulher com o rosto enevoado segurava sua mão e também pronunciava seu nome. Alfredo esfregou os olhos para poder enxergar direito e ver quem estava ao seu lado.

Foi com um profundo horror nos olhos que Alfredo enxergou, segurando sua mão, Maria Celeste. Ela estava exatamente igual às suas lembranças, mais linda do que nunca. O que estaria fazendo ali, perto dele? Teria morrido e estaria no céu? E agora, o que faria?

– Alfredo? Você está bem? – ela perguntou.

Ele não sabia o que responder. Como ela sabia seu nome? Por que tentava ajudá-lo, depois de tudo o que ele lhe tinha feito?

– Com licença, mãe – disse Afonso, abaixando-se ao lado dela. – Alfredo, meu amigo, o que aconteceu? Você está melhor? Quer ir até o hospital?

Alfredo olhou o menino ao seu lado e lembrou-se de que jogava bola com ele enquanto esperavam por sua mãe. Mas o que significava tudo aquilo? Ele teria ouvido bem? O menino havia chamado Maria Celeste de mãe?

– Mãe, ele não está bem. Está com aquela cara apalermada. É melhor irmos para o hospital.

Assustado, Alfredo percebeu que ela não o havia reconhecido. Para não piorar ainda mais a situação, resolveu interagir com eles, assim ganharia tempo. Na primeira oportunidade, sairia correndo e sumiria para sempre dali.

– Não, tudo bem, não será necessário. Estou melhor. Não precisam se preocupar comigo.

– Mãe, você é médica. O que acha? Ele está bem mesmo ou está mentindo?

– Afonso, seria pedir muito que você ficasse quieto por um minuto? Papai, dê um jeito aqui no seu neto.

– Vem comigo, filho.

– Mas vovô...?

– Nada de mais, menino. Venha comigo, já!

Afonso se levantou e saiu resmungando.

– Desculpe-me por meu filho; ele é muito impulsivo.

– Não precisa se desculpar; ele é um garoto especial. Gosto muito dele.

– É, foi o que soube. Você consegue se levantar?

Alfredo segurou nas mãos de Maria Celeste e levantou-se. Ele parecia flutuar segurando aquelas mãos macias. Ela o conduziu até um banco e sentou-se ao seu lado. Ele estava confuso; ao mesmo tempo em que queria sair correndo, apavorado, também queria ficar ali, sentado perto dela pelo resto da vida. Alfredo respirou fundo e tentou se controlar, afinal, ela ainda não o havia reconhecido.

– Diga-me o que está sentindo – pediu ela com voz suave.

– Realmente não sei. Senti uma tontura e desmaiei. Foi só isso.

– Mas e agora, como você está?

– Estou bem.

– Estranho você não estar sentindo nada, pois seu rosto está pálido e você está suando muito.

Alfredo passou a mão pela testa molhada. Seu rosto estava gelado; com certeza sua expressão era péssima. Na verdade, não estava nada bem; sentia um aperto no coração e o estômago embrulhado. Mas o que dizer para ela naquele momento constrangedor?

– Eu estou bem, verdade, não precisa se preocupar comigo. Deve ter sido o calor.

– Está bem. Se é você quem diz...

Nem mesmo em seus piores pesadelos Alfredo poderia imaginar uma situação como aquela. Ele estava no céu e no inferno, ao mesmo tempo.

– Então você é o famoso Alfredo? Seu nome é pronunciado na minha casa a cada cinco minutos.

– Desculpe-me por isso; não era minha intenção me intrometer em sua família.

– Tudo bem. Mas veja que coisa: esqueci de me apresentar! Meu nome é Maria Celeste – disse ela, esticando a mão para Alfredo.

– Bem, o meu você já sabe: Alfredo – respondeu ele, apertando a mão que ela lhe oferecia.

– Estranho – exclamou ela, olhando o rosto de Alfredo. – Seus olhos me são familiares. Parece que eu o conheço de algum lugar.

Alfredo ficou mais pálido ainda. Instintivamente, abaixou a cabeça.

– Se eu tivesse visto antes uma moça tão bonita como você, com certeza me lembraria.

A situação ficou constrangedora para ambos. Maria Celeste não sabia mais o que perguntar, e Alfredo não sabia mais o que responder. Ficaram felizes quando Afonso se aproximou intempestivamente.

– E então, mãe? Ele está bem?

– Sim, meu filho, ele está bem.

– Você está bem mesmo, Alfredo?

– Estou sim. Foi só uma indisposição. Agora, acho melhor eu ir para casa.

– Mamãe, não podemos deixar o Alfredo ir embora sozinho. E se ele passar mal no caminho, quem vai socorrê-lo?

– Você realmente é muito esperto, garoto. Mas não precisa se preocupar, estou bem.

– Não, não! Desta vez o intrometido do meu filho tem razão. Você não pode sair sozinho por aí. Vou levá-lo até sua casa.

– Não, que é isso... Não precisa se preocupar comigo. Não quero dar trabalho.

– Trabalho nenhum – disse Afonso, pegando Alfredo pela mão. – Vamos embora; minha mãe vai nos levar.

– Enquanto não fizer o que ele quer, ele não vai largar do seu pé. – Informou o senhor Afonso, sorrindo.

Alfredo sorriu, vencido pelo cansaço:

– Acho que você tem razão.

– Ótimo! – concordou seu Afonso. – Enquanto você leva o Alfredo, eu levo o Afonso.

– De jeito nenhum, vovô. Vou com a mamãe e o Alfredo.

– Pode deixar, papai. Eu levo os dois comigo.

Enquanto seu Afonso voltava para casa sozinho, Maria Celeste, acompanhada de Afonso, levou Alfredo. O moço não queria que ela soubesse onde ele morava. Se de repente se lembrasse de quem ele era, poderia mandar a polícia até ele. A situação era desesperadora, mas ele não tinha o que fazer; o jeito era deixar as coisas acontecerem.

Maria Celeste levou Alfredo até o hotel onde ele estava hospedado.

– Pronto! Está entregue.

– Muito obrigado pela carona, e me desculpe pelo incômodo.

– Imagina. Foi um prazer poder ajudá-lo.

– Mãe, tá maluca? Não podemos deixar o Alfredo sozinho. Vai que ele desmaia de novo? Vou subir e ficar com ele.

– Afonso, por favor, não comece. Pare de atormentar o rapaz. Ele precisa de descanso.

– Mamãe, é sério! A senhora não é médica, e seu dever não é cuidar dos doentes? O Alfredo está doente, por isso, você tem o dever de cuidar dele.

– Ah! Este menino não é meu filho... Até hoje não entendo para quem ele puxou. Devem tê-lo trocado na maternidade.

Alfredo sorriu, esquecendo-se por um momento de seus tormentos. Sentiu-se bem na companhia dos dois.

– Realmente, ele é esperto demais para a pouca idade – confirmou Alfredo.

– Obrigado pelos elogios, mas estou falando sério – insistiu o menino.

– Então, o que o senhor sugere que façamos, doutor Afonso? – brincou Alfredo.

– Temos que subir e ficar um pouco com você, para ter certeza de que vai ficar bem.

– Afonso, por favor! Deixe de ser inconveniente.

– Por favor, não precisa brigar com ele por minha causa. Se ele quer subir, então vamos. Desde que você concorde, é claro.

– Vamos lá – disse Afonso já descendo do carro.

– Que remédio! – exclamou Maria Celeste.

Os três desceram do veículo e subiram para o apartamento. Alfredo estava apavorado, mas fazia de tudo para não deixar transparecer. Seu maior pesadelo se concretizava: estava frente a frente com Maria Celeste. Ele tremia tanto que não conseguiu colocar a chave no buraco da fechadura. Afonso a pegou de sua mão e abriu a porta.

– Depois você diz que está bem... – resmungou o menino.

– Entrem, por favor – convidou Alfredo.

Eles entraram e sentaram-se no sofá.

– Vou pegar um copo de água para você – disse o menino levantando-se. – Lá em casa, minha mãe cura tudo com um copo de água.

Alfredo sorriu.

– Eu não disse que esse menino ainda me mata de vergonha?

– Você deve se orgulhar muito dele, não é?

– Ele é o meu bem mais precioso. Só não o deixe saber disso, senão, ele vai ficar insuportável.

Afonso voltou com um copo de água e o entregou para Alfredo.

– Bem, agora que o Alfredo está entregue, vamos para casa; ele precisa descansar.

– Ah, mãe!

– Nada de choramingar. Vamos embora!

– Obrigado, Maria Celeste, pela ajuda, e me desculpe pelo vexame.

– Esqueça isso. Tenho apenas que lhe agradecer por fazer meu filho feliz.

Os três se despediram. Afonso foi embora a contragosto. Assim que saíram, Alfredo se jogou no sofá e entregou-se ao pranto.

※

Alfredo chorou muito. Triste e abatido, acabou dormindo no sofá mesmo. Seu sono foi conturbado; teve um pesadelo. Estava em um lugar frio e sombrio. Sombras o acompanhavam e vozes o atormentavam:

– Sentiu saudades, amigo? Alfredo, meu camarada, em que fria você se meteu, hein? Não disse que iríamos voltar? O que seria de você, Alfredo, sem os nossos conselhos? Deixe de ser idiota e vá embora, o mais rápido possível.

– Mas você é um mané mesmo, Alfredo! Com tantos lugares no mundo, foi voltar justo para o lugar onde ela morava?

– Oscar, deixe de ser besta. Ele não veio porque quis. Esqueceu que foi o tiozinho quem obrigou ele a vir?

– Ademar, meu filho, se ele não quisesse vir, não teria tiozinho no mundo que o obrigasse.

– Mas acontece que ele é um covarde. Você se esqueceu, Oscar? Ele reencontrou a mina, e a mina não reconheceu ele. Em vez de aproveitar a distração da moça e lhe tascar umas beijocas, o infeliz desmaiou feito um maricas. Que papelão, Alfredo! Assim você nos envergonha, mano! Maricas!

– Ah, nisso você tem razão. Alfredo, deixe de ser otário! A mulher não reconheceu você; aproveite!

— Você viu só? Ela não é boba não... Enquanto o otário do Alfredo ficava se lamentando pelo que tinha feito, ela tratou logo de arrumar outro cara.

— Até um filho a mulher arrumou. Espertinha!

— Arrumou outro homem, arrumou um filho e arrumou uma peruca de touro para o Alfredo.

Os dois caíram na gargalhada.

— Se eu fosse você, Alfredo, dava uns tabefes nela pela traição. Mulher traíra tem que apanhar!

— É isso aí, Alfredo. Procure ela e faça de novo o que fez antes. Só assim ela vai aprender a respeitar você, mano.

— Xi! Não sei não, amigo. O Alfredo é um tremendo bobão; ele tá com medo e não vai ter coragem de fazer nada. Coitadinho dele!

— Oscar, quer apostar comigo como ele vai voltar correndo para baixo da saia da mamãe?

— Que é isso, Ademar? Tá querendo me explorar, é? Essa aposta é barbada. Amanhã mesmo ele vai voltar correndo para junto da mamãe.

— Oscar, o que você acha de a gente dar uma voltinha por aí com o Alfredo? A gente podia procurar um bar e tomar uns aperitivos para refrescar as ideias. O que você me diz?

— Sei não, Ademar... O Alfredo não parou de beber? Você esqueceu que ele não é mais alcoólatra?

— Bom, ele diz que parou, mais aí a gente pode dar uma forcinha pra ele voltar a beber. O que você acha?

— Sei lá. Acho que ele vai sair correndo.

— O que você acha de a gente, no caminho, levar ele para visitar a namoradinha?

— Boa ideia, cara! Acordada ela não reconheceu o infeliz, mas, durante o sono, vai ser barbada. Vai rolar muita baixaria.

— Quem sabe não rola até uma pancadaria? Ia adorar ver o Alfredo dar uns petelecos na madame de nariz empinado.

— Vamos embora que o show nos espera.

Alfredo começou a gemer e a se debater:

— Não, eu não quero ir. Deixem-me em paz.

Ele acordou assustado e sentou-se no sofá. Olhou o relógio; eram três horas da manhã. Cansado e com fome, foi tomar um banho. Depois vestiu-se e saiu para caminhar um pouco. Estava muito perturbado; o ar frio da noite iria lhe refrescar as ideias. Caminhou alguns minutos e encontrou uma lanchonete ainda aberta. Entrou e pediu um sanduíche.

Enquanto Alfredo esperava pelo lanche, começou a sentir um cheiro forte de cerveja. O casal da mesa ao lado havia derrubado uma garrafa no chão. Aquele odor forte preencheu o ambiente. Inebriado pelo aroma, a boca de Alfredo se encheu de água, e uma vontade intensa de beber cerveja se apoderou dele.

Seu cérebro lutava contra aquela vontade, pois, se ele voltasse a beber naquele momento, acabaria com anos de tratamento para manter-se sóbrio. Depois de hesitar um pouco, Alfredo levantou a mão e chamou o garçom:

– Amigo, me traga junto com o lanche uma cerveja bem geladinha.

– Pois não, senhor, é pra já!

Os olhos de Alfredo brilhavam, e sua boca já sentia o gosto da cerveja gelada. O garçom voltou com o lanche e a bebida. Colocou tudo sobre a mesa e saiu. Alfredo, com as mãos trêmulas, pegou a garrafa e encheu o copo. Durante alguns segundos, ficou olhando o copo cheio. Depois de mais alguns minutos de hesitação, pegou o copo e, quando o levava à boca, sentiu uma pontada forte na cabeça e derrubou o copo na mesa.

A cabeça de Alfredo doía muito, deixando-o meio zonzo. Olhou para a cerveja derramada na mesa e sentiu-se envergonhado. "Meu Deus! O que estou fazendo de minha vida? Devo ter enlouquecido para estar aqui, querendo recomeçar a beber."

– Garçom, por favor, a conta – gritou ele, nervoso.

Pagou a conta, pegou o sanduíche e saiu. Sem rumo, começou a andar pelas ruas da cidade. Após uma longa caminhada, parou em uma praça, sentou-se no banco e começou a comer. Enquanto o fazia, observava o movimento da rua.

Quando terminou, de cabeça mais fria, resolveu voltar para casa, antes que voltasse a fazer besteiras. Lentamente, Alfredo caminhou para o hotel. Lá chegando, deitou-se no sofá e esperou pelo amanhecer.

Ele olhava o relógio com impaciência; ainda eram seis horas da manhã. Não queria ligar para sua mãe e preocupá-la. Naquele momento triste, Camilo era o único que poderia aconselhá-lo. Estava decidido a abandonar tudo e voltar para casa; só queria falar com Camilo para lhe expor sua decisão. Quando enfim o relógio indicou oito horas, Alfredo ligou para o amigo.

– Alô? Camilo... – começou ele com voz chorosa –, aconteceu uma coisa terrível e estou voltando para casa.

– O que aconteceu de tão grave, meu filho, para deixá-lo neste estado de nervos?

– Uma coisa horrível. Eu me encontrei com Maria Celeste, sem saber. Quando percebi, já estava na frente dela.

– E o que aconteceu? Ela o reconheceu?

– Não. O mais bizarro em tudo isso é que ela não me reconheceu; tratou-me com carinho, até.

– Então não vejo motivo para tanto estardalhaço. Se ela não o reconheceu, não brigou nem chamou a polícia, do que está se queixando?

– Camilo, é questão de tempo até que ela descubra quem sou eu!

– E, enquanto ela não descobre, você pode se aproveitar da situação para mostrar a ela quem você realmente é.

– Você enlouqueceu?

– Não, *você* é quem enlouqueceu. Tudo o que queria na vida não era uma oportunidade de reparar o mal que fez a essa moça? Pois bem: a oportunidade está batendo na sua porta. Aproveite-a.

– Não posso! Você não está entendendo a gravidade da situação.

– Ora, então me explique.

– Lembra que eu lhe contei sobre o garotinho que eu conheci no parque? Pois bem: o menino é filho dela!

– Ótimo! Você não disse que se tornou amigo da criança? Melhor oportunidade para se aproximar da mãe não há.

– Camilo, eu gosto do menino e não quero que ele sofra. Se ela descobrir quem sou, vai fazer um escândalo, e não quero ver o garoto sofrer. Não quero que ele seja envolvido nessa história sórdida. Ele não merece pagar pelos meus erros.

– Alfredo, preste atenção no que vou lhe dizer. A vida está lhe dando uma oportunidade de ouro para reparar seus erros; você tem que aproveitar. Você está tendo a chance de apagar da memória de Maria Celeste aqueles momentos terríveis que ela viveu ao seu lado. Mostre a ela o homem honrado, trabalhador e carinhoso que você é; não deixe que ela lhe tenha o resto da vida como um marginal.

– Não vou conseguir; não tenho coragem para isso. Estou com muito medo!

– Alfredo, chegou a hora de mostrar que vai aproveitar a nova chance que a vida está lhe dando. Agarre-se a essa chance. Aproxime-se da criança e da mãe, construa um futuro diferente para vocês, viva esse momento de harmonia e seja feliz. Esqueça-se do passado; viva o presente!

– Não tenho forças para isso; não consigo olhar nos olhos dela sem me lembrar do que fiz. Vou ficar apavorado e acabar me entregando.

– Alfredo, não vai querer voltar a ser o sujeito mimado e egoísta do passado, vai? Você já superou essa fase; agora é um homem forte e corajoso. Faça-me ter orgulho de você. Não me faça ir até aí para lhe dar umas palmadas, que é o que está merecendo agora.

– Não sei o que fazer!

– Controle-se. Se fugir agora, vai fugir o resto da vida. Respire fundo e vá em frente. Você já conquistou o filho, agora conquiste a mãe. Aquele Alfredo marginal do passado já morreu; você agora é outro homem. Deixe esse outro homem transparecer para Maria Celeste; ela precisa da sua ajuda para se libertar do seu passado ruim. Ou você acha que é o único que está sofrendo com isso?

— Tudo bem. Vou pensar no que fazer e depois ligo novamente para lhe dizer o que decidi.

— Só mais uma coisa, meu filho: o álcool não é solução para a vida de ninguém. Não me faça ter vergonha de você, Alfredo. Não jogue fora tudo o que aprendeu nestes últimos anos.

— Como o senhor ficou sabendo disso?

— Tenho muitos amigos, meu filho, tanto neste mundo quanto no outro. Não se esqueça disso. Tome juízo, e não cerveja.

Do outro lado da linha, Alfredo ficou vermelho de vergonha.

※

Alfredo sentia-se constrangido diante de sua atitude covarde. Por pouco não tinha voltado a ser um alcoólatra. Mas agora... o que fazer?

Camilo havia sido categórico: ele teria que enfrentar o problema de frente. Se se acovardasse e fugisse, não teria para onde ir, pois não teria coragem de enfrentar Camilo e sua mãe.

Resolveu não ir ao curso; não tinha cabeça para isso. Também não iria ao parque. Não queria encontrar com Afonso; não sabia o que dizer para o garoto. Além do mais, aproximar-se do menino significava aproximar-se também de Maria Celeste.

Quantas dúvidas e preocupações ainda povoavam a mente de Alfredo! Ele se julgava curado de tudo, mas, quando o passado batera à porta, tudo havia voltado à sua mente, e ele se tornara o velho Alfredo de antes, covarde e sem iniciativa. Sua cabeça doía. Tomou um comprimido e deitou-se.

Cansado como estava, logo adormeceu. Não demorou para que os pesadelos voltassem. Alfredo estava na porta da casa de Maria Celeste; queria bater à porta e entrar, mas tinha medo. Lá fora estava escuro e frio. Vozes e sussurros ao seu ouvido deixavam-no arrepiado.

Angustiado, tentou fugir daquele lugar que tantas amarguras trazia à sua mente. Tentou correr, mas não conseguiu. Foi quando uma voz suave chamou sua atenção:

— Alfredo, para onde pretende fugir agora?

Quando se virou, Alfredo deparou-se com o mentor ao seu lado.

— Anjo, você veio me ajudar. Que bom! Leve-me embora daqui; não quero ficar, quero ir embora!

— Para onde, Alfredo?

— Para qualquer lugar longe daqui.

— E depois? Até quando pretende fugir de suas responsabilidades?

— Não sei. Não sei o que fazer. Ajude-me!

— Posso lhe garantir que fugir dos problemas não é a solução. Por que não dá a si mesmo uma chance de ser feliz? Tudo o que você queria não era uma oportunidade de reparar o mal que havia feito? Pois bem: a oportunidade está batendo à sua porta. Você não vai abri-la?

— Como assim? O que devo fazer?

— Conviver com as pessoas que prejudicou e mostrar a elas que você se regenerou. O bem que promoverá será para você e também para eles. Você não é o único que sofre com essa situação. Já parou para pensar como se sente Maria Celeste com tudo isso? Ela não merece uma chance de esquecer tudo e ser feliz?

— Ela já é feliz. Arrumou outro homem e teve um filho. Como poderia não ser feliz?

— Acha mesmo que ela pode ser feliz odiando você pelo resto da vida?

— Você mesmo disse: ela me odeia. O que posso fazer?

— Ela não odeia você, Alfredo; ela odeia aquele homem sem escrúpulos que a violentou. Maria Celeste, assim como você, espera uma oportunidade para ser feliz. Faça com que ela mude seu conceito sobre você; mostre-lhe o homem maravilhoso que você é, apagando da memória dela os momentos infelizes pelos quais a fez passar. Só depende de você. Bata à porta, Alfredo, e entre para recomeçar uma nova vida ao lado de quem você ama.

Alfredo desistiu de fugir. Virou-se e se encaminhou para a porta.

– Bata, Alfredo, e ela se abrirá para você.
Alfredo levantou a mão e bateu.

※

– Nossa! O Alfredo está mesmo enrolado na vida, não é, irmão José Ernesto? – perguntou uma aluna.
– Na verdade, minha amiga, ele só está colhendo os frutos que plantou. Depois de tudo o que praticou no passado, é natural que a vida lhe cobre no futuro. Mas vocês não podem ver a situação como castigo ou penitência; na realidade, Alfredo está tendo a oportunidade de consertar seus erros, e isso é maravilhoso. Já pensaram que situação ruim seria se ele levasse para o fim da vida seus erros e remorsos? Nosso amigo teria paz no mundo espiritual carregando para o túmulo essa bagagem de maldades?
– Claro que não. Provavelmente, acabaria no Umbral – respondeu Roberto.
– Não é maravilhosa a chance que a vida está oferecendo a ele de resgatar seus erros e ser feliz, ainda na mesma encarnação? Geralmente vemos as dificuldades em nosso caminho como castigos divinos, quando na verdade são nossa oportunidade de corrigirmos nossos defeitos e sermos felizes – concluiu José Ernesto.
– O Alfredo é muito complicado. Ao mesmo tempo em que quer corrigir seus erros, ele se acovarda e quer fugir. É muita confusão para uma só pessoa – opinou um aluno.
– Na verdade, Alfredo está expondo suas imperfeições. Não vamos para a Terra para nos melhorarmos e superarmos nossos defeitos? Alfredo está lutando para conseguir isso.
– E foi por pouco que ele não voltou ao vício do álcool. O que na verdade aconteceu naquela noite? O que o fez mudar de ideia? – perguntou uma aluna com curiosidade.
– "Orai e vigiai", esse é o segredo. Quando ele adormeceu com a cabeça cheia de dúvidas e medo, acabou baixando sua

vibração, e espíritos inferiores que seguiam Alfredo de longe aproveitaram-se da situação para se aproximar dele e tentar colocá-lo novamente no caminho do erro e do vício. Intuíram Alfredo a sair e a entrar na lanchonete. Fizeram com que o casal da mesa ao lado derrubasse a garrafa, para espalhar no ar o cheiro convidativo do álcool. Como Alfredo estava debilitado, acabou aceitando a sugestão imposta por eles de beber.

– Mas ele não bebeu. Por quê?

– Porque seu mentor estava a seu lado e, quando ele levou o copo à boca, este desferiu em sua cabeça uma pequena descarga elétrica, que lhe causou dor e desconforto. Quando Alfredo derrubou o copo, voltou à realidade e percebeu a besteira que fazia. Envergonhado, foi embora.

– Ele foi salvo pelo gongo – brincou um aluno.

– Ele vai conseguir superar seus medos e suas fraquezas, irmão José Ernesto?

– Saberemos no final da história, meus amigos.

– Então continue. Queremos saber o que vai acontecer com Alfredo e Maria Celeste. Será que ela vai perdoá-lo? – perguntou Roberto.

❋

Alfredo acordou assustado com batidas à porta de seu quarto. Lentamente, abriu a porta e deparou-se com Maria Celeste. Levando um susto, deu um passo para trás.

– Boa tarde, Alfredo. Vim até aqui para ver como você está passando.

Alfredo engoliu em seco antes de responder:

– Estou bem, obrigado. Entre, por favor.

Maria Celeste entrou e sentou-se no sofá.

– Alfredo, me desculpe ter aparecido aqui sem avisar, mas não aguentava mais o Afonso me perturbando. Ele não queria ir para a escola hoje de manhã sem antes saber se você estava bem. Ele me contou que sonhou com você e que você estava precisando de ajuda. Não adiantou lhe dizer que eu não tinha seu telefone. Com muito custo, ele foi para a escola, mas me fez prometer mil vezes antes que o procuraria.

– Afonso é um menino muito especial.

– Um terrorista em miniatura, você quer dizer. Quando ele chegou da escola, fez outro escândalo. Não queria almoçar; queria vir visitá-lo.

– Desculpe; não queria causar aborrecimentos para ninguém.

– Não é culpa sua. Meu filho é mesmo muito persistente. Por uma incrível coincidência, hoje trocaram meu plantão, e eu estou de folga. Ele disse que era um aviso para eu vir até aqui vê-lo; que você estava precisando de um médico. Ele concordou em ficar em casa e esperar, desde que eu viesse até aqui buscá-lo para passar a tarde com ele.

– Ele quer ir até o parque?

– Não, ele quer que você vá até minha casa para passar a tarde com ele.

– Acho que não vai ser possível – disse Alfredo, arrepiando-se todo só de pensar em entrar naquela casa.

– Você não foi ao curso?

– Não estava com disposição para isso.

– Imagino que também não tenha almoçado nem tenha compromisso para esta tarde.

– Também acertou – respondeu ele, um tanto sem jeito.

– Então, meu amigo, não vejo outro jeito. Ou você vem comigo para casa, ou eu chamo a polícia.

– Polícia? Não pensei que o caso fosse tão grave assim... – tentou brincar Alfredo, embora tivesse se arrepiado mais uma vez diante daquela ideia.

– Se você fosse o pai daquele menino levado, saberia bem pelo que estou passando. Ele não dá um minuto de paz; me atormenta até conseguir o que quer. Não sei para quem aquele menino puxou.

– Talvez tenha puxado o pai – falou Alfredo de repente, sem pensar muito no que dizia.

— É, talvez tenha sim... — respondeu ela num fio de voz.
— Desculpe o comentário infeliz; acho que falei demais. Percebi que você não gostou.
— Não precisa se desculpar, mas realmente não gosto de falar sobre isso. Essa parte do meu passado eu prefiro esquecer.
— Tudo bem, eu entendo.
— Claro! Esqueci que você é psicólogo. Quem sabe um dia eu não faço uma consulta para me livrar dos meus traumas do passado?

Alfredo sentiu um nó na garganta.
— O dia que quiser, pode me procurar — mentiu ele.
— Ótimo! Agora, por favor, doutor, me siga, ou teremos sérios problemas. Quem sabe o doutor não me ajuda a domesticar aquela fera que eu tenho em casa e que atende pelo nome de Afonso?
— Ele não é um mau menino, só passa muito tempo sozinho.
— Eu sei, e é minha culpa. Trabalho demais e não tenho muito tempo para me dedicar ao meu filho. Sei que ele sofre com isso. Foi por esse motivo que ele se apegou tanto a você.
— Tem razão. Meia hora de conversa, e ele já era meu amigo.
— Pobre criança! Tão novo e tão só. Sei que, como psicólogo, você deve achar isso um horror e me classificar como uma mãe relapsa, mas ponha-se no meu lugar: não é fácil criar um filho sozinha, mesmo tendo a ajuda de meus pais para isso.
— Não culpo você; sei como é. Também fui criado sem pai. A vida é dura. Mas, se temos que culpar alguém nesse caso, o culpado é o pai, que o abandonou.
— Também acho. Agora, mudemos de assunto. Estou esperando-o, doutor.
— Para quê?
— Para irmos até em casa. Tem alguém lá que o aguarda. Se eu voltar sozinha, a casa vai cair sobre minha cabeça.

Os dois riram.
— Bem, se não tem outro jeito... Você espera eu tomar um banho e me trocar?
— Claro. Pode ir que eu espero sim.

Alfredo foi para o banho refrescar a cabeça. Depois de muito pensar, tinha resolvido viver o momento. Faria de tudo para mudar a má impressão que havia causado em Maria Celeste no passado. Queria provar que era um homem bom e aproveitaria a oportunidade que a vida estava lhe dando. Camilo estava certo: ele tinha que parar de ter medo e fugir; precisava enfrentar suas responsabilidades.

Terminando o banho, trocou-se, perfumou-se e reapareceu na sala com um sorriso.

– Estou pronto. Podemos ir.

– Estou vendo. Espero que esteja com fome, pois o Afonso o está esperando para o lanche da tarde. Quando saí, ele estava azucrinando minha mãe para fazer um bolo de chocolate para você.

– Ainda bem, pois confesso que não almocei e estou faminto.

– O que estamos esperando, então? Vamos embora!

Os dois saíram conversando alegremente. Embora estivesse com receio do que teria de enfrentar, Alfredo sentia-se otimista quanto ao futuro. Depois, o simples fato de estar perto da mulher amada já era uma grande felicidade para ele.

O carro parou em frente da casa que Alfredo conhecia tão bem. Um calafrio percorreu sua espinha. Até então, nunca havia passado pela porta da casa; limitara-se a ficar escondido do outro lado da rua.

– Daniel na cova dos leões... – sussurrou ele para si.

Quando ficava do outro lado da rua, só observando, Alfredo passava o tempo todo imaginando como seria aquela casa por dentro. Agora, finalmente, saberia. Ao cruzar a porta, Alfredo sentiu uma forte emoção; naquele momento, ficou bem claro em sua mente que começava de fato uma vida nova.

Ele foi apresentado à mãe de Maria Celeste, uma simpática senhora chamada Isabel. Afonso, ao vê-lo entrar, correu em sua direção e atirou-se em seus braços, quase derrubando-o no chão.

– Eu sabia que você viria, eu sabia! – gritava ele no colo de Alfredo.

— Não disse que este menino não tem modos? — ralhou a avó.

— Deixe-o, dona Isabel. Não se preocupe.

Afonso se apossou da companhia de Alfredo. Pegou-o pela mão e lhe apresentou a casa. Mostrou-lhe todos os cômodos e o jardim; nem o quintal escapou. Depois de andar pela casa toda, foram à cozinha tomar o lanche preparado pela avó. Alfredo adorou essa parte, já que estava faminto.

O lanche foi servido apenas para os dois. Depois de satisfeitos, Afonso levou Alfredo até seu quarto para jogarem videogame. E lá ficaram a tarde toda, jogando e conversando. Mais para o final da tarde, Maria Celeste apareceu na porta e reclamou:

— Bonito... Quando estou trabalhando, brigam comigo porque não fico em casa e não dou atenção para o meu filho. Quando estou em casa, meu filho simplesmente me ignora e não me dá atenção.

— Ah, deixe de drama, mamãe. Você sabe que eu amo você e adoro sua companhia. É que hoje quero brincar com meu amigo, que veio à minha casa pela primeira vez.

— Claro. Desculpem por estragar a brincadeira dos garotos. Só vim até aqui para convidar o Alfredo para o jantar.

— Não, por favor, aí já é demais!

— Boa, mãe. Ele janta com a gente!

— Sim senhor. Vou agora mesmo falar para a vovó colocar mais água no feijão.

Maria Celeste saiu sorrindo, dirigindo-se à cozinha, onde se encontravam seus pais.

— Ele aceitou, mamãe. Quero dizer, o Afonso aceitou por ele.

— Minha filha, você conhece realmente esse homem que trouxe para dentro de casa?

— Na verdade, passei a conhecê-lo ontem. Quem já vinha se encontrando com ele há mais tempo é o papai.

— Na verdade, não posso afirmar que o conheço. Nós nos encontramos apenas no parque, onde ele joga bola com Afonso todas as tardes. Explicou-se seu Afonso.

— Vocês são malucos! Não acham perigoso trazer para dentro de casa um homem que mal conhecem? Depois de tudo por que passamos...?

— Diga isso ao seu neto, que grudou nesse homem feito chiclete. Bom, ele havia me dito que era psicólogo, morava no interior e estava aqui para fazer um curso. Outro dia, encontrei um médico amigo meu. Estávamos conversando, e ele me disse que estava participando de um curso, e coisa e tal. Fingi interesse pelo assunto e fui fazendo algumas perguntas para ele. Ele me confirmou que conheceu no curso um rapaz chamado Alfredo, que é psicólogo e mora no interior. Ele está aqui representando uma instituição de sua cidade. — Informou seu Afonso, relatando suas descobertas sobre Alfredo. Então, o que ele nos disse é verdade.

— Pode ser, mas ainda acho esse homem muito estranho. Ele tem um olhar esquisito.

— Como assim, mamãe?

— Não sei. Parece-me que ele esconde alguma coisa. Seu olhar é triste e evasivo.

— Credo, mamãe, assim a senhora me assusta!

— Não se preocupe, filha. Vou ficar de olho nele para você! — garantiu seu Afonso, piscando o olho direito. Foi um dia festivo para o menino, que se divertiu como nunca. Quando Alfredo disse que iria embora, foi um problema. Para poder sair, teve que prometer aparecer no parque na tarde do dia seguinte. Depois das despedidas, Maria Celeste levou Alfredo de volta ao hotel.

— Pronto, senhor. Está entregue, são e salvo.

— Obrigado pela carona. Gostaria de subir?

— Subir?

— Sim, seus olhos me dizem que você quer conversar.

— Nossa, que mancada a minha. Eu me esqueci que estou tratando com um psicólogo. Agora, fora de brincadeira, realmente gostaria de conversar um pouco com você.

— Eu já sabia. Quer subir ou prefere caminhar até a lanchonete da esquina?

– Se prometer não me agarrar, eu preferiria subir. Lá em cima é mais calmo.

Alfredo sentiu um nó no estômago ao ouvi-la falar aquilo. Parecia que, inconscientemente, ela desconfiava dele.

– Tudo bem. Prometo me comportar.

Os dois subiram, acomodaram-se no sofá, e Maria Celeste começou a conversa:

– Alfredo, me desculpe pela franqueza, mas, como você mesmo percebeu, meu filho se apegou muito a você, e isso me preocupa.

– Você tem razão de estar preocupada; eu sou um completo estranho para você, Maria Celeste.

– Céu!

– O quê?

– Me chame de Céu; é meu apelido.

Alfredo se arrepiou. Lembrava-se perfeitamente: "Céu" era o que estava escrito no pingente da correntinha que ele arrancara do pescoço da jovem naquele dia. Até hoje a guardava consigo, como lembrança de suas tolices do passado. Um dia, não sabia quando nem como, pretendia devolvê-la à moça.

– Tudo bem, Céu. O que você quer saber?

– Tudo!

Alfredo respirou fundo. Mais uma vez, teria que omitir detalhes de sua vida; caso contrário, seu plano de aparentar um bom moço ruiria.

– Bem, meu nome é Alfredo, nome este que herdei do meu avô. Nasci em uma cidade pequena do interior. Não conheci meu pai; fui criado por minha mãe e meus avós. Com dificuldade, consegui estudar e concluir o curso técnico. Quando meu avô faleceu, senti desgosto pela vida e vim trabalhar na capital. Fiquei um tempo por aqui, acabei me envolvendo com o álcool, compliquei minha vida e perdi o emprego. Arruinado pelo vício, fiz muitas bobagens na vida. Entrei em crise e me joguei na frente de um caminhão.

– Meu Deus, Alfredo! Se não quiser, não precisa falar mais nada; eu entendo.

– Não, não, tudo bem. É bom desabafar de vez em quando. Como você mesma pode ver, não morri. Acabei em coma no hospital. Minha mãe veio do interior e me levou para casa. Passei muito tempo hospitalizado. Acabei em uma clínica de recuperação, mantida por um grupo espírita. Lá eles operam verdadeiros milagres através do amor. Eles conseguiram me recuperar; disseram que eu ainda dava uma meia-sola.

Os dois riram.

– Quando me recuperei, me tornei amigo do dirigente da casa. Ele foi como um pai para mim. Minha mãe e ele me colocaram na linha; voltei a trabalhar e a estudar. Por ironia do destino, me formei em psicologia. Agora, ajudo pessoas que estão em situação pior que a minha. Apareceu a oportunidade de fazer este curso, e o dirigente da casa me mandou vir.

– Puxa, e eu que achei que minha vida era difícil...

– Olhe, se não quiser mais que eu me aproxime de seu filho, vou entender, afinal, um ex-alcoólatra é um desequilibrado mental; não é boa companhia para uma criança.

– Nossa! Você me conhece há tão pouco tempo e já fez um julgamento desses a meu respeito? Quando foi que eu lhe disse que era preconceituosa?

– Desculpe-me. Não quis dizer isso, mas entendo sua posição. Eu sou um estranho que caiu de paraquedas em sua vida. Se achar necessário, eu me afasto de sua família. O que não quero é trazer problemas para você.

– Tarde demais para isso; meu problema em relação a você tem o nome de Afonso.

– Ah, desculpe por isso...

– Não entendo essa obsessão que ele tem por você!

– Confesso que também não tenho resposta para isso. A princípio, poderia ser carência afetiva, mas tudo aconteceu tão rápido! Tenho que confessar que também acabei me ligando a ele. Somos dois carentes em busca de carinho e amizade.

– Alfredo, o que de fato me preocupa é o fato de esse menino estar tão ligado a você, a ponto de poder ficar doente no dia em que tiver que ir embora. Como você mesmo disse, quando terminar seu curso, você vai partir. E aí? Eu faço o que com o Afonso?

– Simples: me dê o menino embrulhado para presente – brincou Alfredo, também sem saber o que dizer. – Sei como se sente, e também me preocupo com isso. Como já lhe disse, se desejar, eu vou embora. Quem sabe sumindo agora, no começo, o estrago não é menor?

– Creio que já seja tarde demais; qualquer coisa que venhamos a fazer trará problemas. O meu medo é você se cansar de brincar de "papai" com ele e sumir. Ele não suportaria outra decepção.

– Isso jamais acontecerá. Como lhe disse, eu também gosto dele, e nunca faria nada para magoá-lo. Fique tranquila. Eu gostaria muito de ser o pai dele de verdade.

– Sabe de uma coisa engraçada? Vocês dois são bastante parecidos.

– Como assim?

– Fiquei observando vocês... Lembra quando lhe disse no parque que você me fazia recordar de alguém? Pois bem, esse alguém é Afonso. Vocês dois são muito parecidos; é como se ele fosse uma miniatura sua. Não é estranho?

– Talvez não; muitas pessoas no mundo são parecidas, mesmo não sendo parentes. Não dizem que existe uma cópia de nós perdida por aí, mas que a gente nunca encontra? Talvez eu tenha encontrado a minha sem querer.

– Que assim seja, então! Espero que a gente não se arrependa disso no futuro. Por enquanto, podemos deixar tudo como está, se estiver bom para você.

– Por mim não tem problema.

– Ótimo! Então, até breve.

Maria Celeste foi embora, deixando Alfredo preocupado com aquela conversa.

❈

Os dias seguiram calmos para Alfredo. Após o curso, ele se encontrava no parque com Afonso, que a cada dia se afeiçoava mais a ele. Vez ou outra, o garoto insistia em levá-lo até sua casa. Com todas essas visitas, e pela insistência de Afonso, Maria Celeste e Alfredo acabaram se aproximando. Para Maria Celeste, era uma nova experiência. Depois do fatídico acontecido, ela nunca mais havia se relacionado com outro homem. Para Alfredo, era a realização de um sonho: poder estar perto da mulher amada e se sentir querido por ela.

Só uma preocupação atormentava Alfredo: o dia em que ela descobrisse a verdade. Será que ela o perdoaria por tudo?

O aniversário de Afonso estava próximo, e ele fez questão da presença de Alfredo. Enfim, chegou o dia mais feliz da vida do menino, pois naquele ano ele teria alguém para preencher o lugar vago do pai. O garoto estava numa alegria só, apresentando Alfredo a todos os amiguinhos.

Alfredo presenteou Afonso com o sonho de qualquer garoto: o uniforme completo de seu time de futebol e ingressos para o jogo no final de semana. Afonso estava eufórico. Brincou, comeu, correu e desembrulhou muitos presentes. Maria Celeste acompanhava de perto a alegria do filho.

Terminada a festa, Alfredo ficou para ajudar na limpeza da casa, que estava de fazer pena, tamanha a bagunça deixada pela molecada.

Já era tarde quando terminaram a arrumação. Afonso não suportou o cansaço e dormiu no sofá.

– O coitado não aguentou tanta emoção em um só dia. Vou levá-lo para o quarto e logo em seguida eu o levo para casa.

– Céu, posso levá-lo para o quarto? Você está muito cansada. Deixe-me fazer isso por você.

– Está bem. Se não for incômodo...

Alfredo pegou o menino no colo, levou-o para o quarto e o depositou na cama. Instintivamente, beijou-o e o cobriu. Maria Celeste observava a cena emocionada.

Logo os dois estavam a caminho do hotel. Ela parou o carro e desceu com Alfredo para se despedir.

– Obrigada. Com certeza, este foi o aniversário mais feliz da vida do meu filho.

– Ora, eu não fiz nada...
– Fez sim. Você lhe deu o amor que Afonso sempre esperou receber do pai, e isso era tudo de que ele precisava. Vou ser eternamente grata a você.

Em agradecimento, Maria Celeste beijou o rosto de Alfredo, que não esperava por aquele gesto e quase desmaiou de emoção. Durante alguns segundos, ficaram sem saber o que fazer. A atração física crescia entre eles, que não sabiam como externar esse sentimento.

De repente, vencendo o medo, Alfredo segurou o rosto de Maria Celeste entre as mãos e a beijou apaixonadamente. Por instantes, ambos se entregaram àquele momento mágico e feliz. Alfredo realizava seu maior sonho: amar e ser amado pela mulher de sua vida.

Quando Alfredo a soltou, os dois estavam ofegantes, e ele podia ver as fagulhas que irradiavam dos olhos de Maria Celeste. Embora o amor os envolvesse naquele momento, nenhum dos dois teve coragem de pronunciar palavra alguma. Ela olhou fixamente para os olhos apaixonados de Alfredo, esboçou um lindo sorriso e foi embora.

Alfredo ficou um bom tempo parado na calçada, vendo o carro se distanciar, levando consigo a mulher de sua vida. Passado aquele momento de euforia, no entanto, foi tomado pela preocupação. E se Maria Celeste ficasse chateada com ele? Ela poderia se zangar ou interpretar mal sua atitude, já que fora embora sem dizer nada.

No outro dia, sábado, Alfredo iria levar Afonso para o estádio de futebol. Logo cedo, foi à floricultura, escolheu um lindo buquê de rosas e as mandou para Maria Celeste com um cartão de desculpas. Despachou o buquê e ficou esperando pelo resultado.

À tarde, Alfredo foi até a casa de Maria Celeste apanhar Afonso para ir ao jogo. Ele chegou meio sem graça; não sabia como a jovem o receberia.

Quando entrou na sala, deparou-se com as flores que mandara de manhã arrumadas em um vaso sobre a estante. Aquela visão o deixou mais calmo; se ela aceitara as flores era porque não estava zangada.

Não demorou para Afonso aparecer na sala, devidamente uniformizado para assistir ao jogo de seu time. Maria Celeste desceu logo em seguida, pois iria levá-los ao estádio. Quando passou por Alfredo, ela sorriu e disse:

– Desculpas aceitas, porém, sou tão culpada quanto você.

Alfredo ficou vermelho e sentiu o coração disparar. Será que seus sentimentos estavam sendo correspondidos?

O jogo foi excelente. O time de Afonso venceu, para a completa alegria do garoto. No horário combinado, Maria Celeste foi apanhar os dois no estádio. Eles se aproximaram do carro fazendo o maior estardalhaço:

– Vencemos! Vencemos! Vencemos!
– E como foi o jogo?
– Nós vencemos, mamãe, e foi de goleada.
– Exagerado! Venceram apenas de três a zero.
– Então! Foi uma goleada!
– Tá bom, atletas de final de semana. Agora vamos embora que a vovó está nos esperando com o jantar na mesa.

※

Alfredo dormia como um anjo. Os últimos dias tinham sido maravilhosos, e ele transbordava de alegria. Antes de se deitar, tinha ligado para a mãe e contado as novidades do dia. Havia lhe dito que conhecera alguém na capital, porém não tivera coragem de lhe contar que se tratava de Maria Celeste. Não que estivesse mentindo para a mãe deliberadamente; só não queria que ela se preocupasse com ele.

Em suas conversas diárias com Camilo, Alfredo contava tudo o que lhe acontecia. O velho amigo sabia de toda a verdade e incentivava o jovem a ser o mais honesto possível com Maria Celeste em relação aos seus sentimentos.

Naquela noite em particular, Alfredo sonhava com seu mentor, que lhe passava alguns conselhos. Ao se despedirem, seu mentor alertou:

– Prepare-se, Alfredo. A hora da verdade se aproxima.

Alfredo acordou assustado, em plena madrugada, com o som do telefone. Preocupado, correu para atender, achando que poderia ser algum problema com sua mãe. Do outro lado, um suspiro choroso preocupou Alfredo.

– Alfredo?
– Alô? Quem fala?
– Alfredo, é Maria Celeste!
– O que houve, Céu?
– Afonso não está bem!
– O que ele tem?
– Ainda não sabemos. Está no hospital sendo atendido. Ele está com muita febre, e está chamando por você.
– Chego aí num minuto.
– Meu pai está com o carro te esperando na porta do hotel.
– Obrigado!

Alfredo desligou o telefone e correu para trocar de roupa. Pegou a carteira e saiu correndo. Lá embaixo, seu Afonso já o esperava para levá-lo ao hospital. Como era de noite, as ruas tinham pouco movimento e logo os dois chegavam ao hospital.

No quarto indicado pela enfermeira, a cena que se via era de cortar o coração. Na cama, Afonso delirava de febre, chamando-o ora pelo nome, ora de pai. Ao lado da cama, Maria Celeste chorava, debruçada sobre o menino.

– O que aconteceu? – perguntou Alfredo, já com lágrimas nos olhos.

Maria Celeste não se conteve e jogou-se nos braços dele. Abraçando-o fortemente, deitou a cabeça em seu ombro e chorou. Alfredo a abraçava com força também, tentando tranquilizá-la.

– Acalme-se, meu amor. Vai ficar tudo bem. Não se preocupe; ele é um menino forte e logo vai estar recuperado. Mas o que ele tem, afinal?

Maria Celeste não conseguia se controlar. Depois de algum tempo, ela respondeu em meio a soluços:

– Não sei. Os médicos ainda não sabem também. Estão fazendo exames para ver de onde vem essa febre alta e as dores abdominais. Ele está delirando e chamando por você.

– Alfredo... Alfredo... – gemia o menino.

Alfredo desvencilhou-se de Maria Celeste e sentou-se ao lado da cama do menino. Afonso se debatia no leito. Alfredo tomou entre as suas a mãozinha quente do menino, que sossegou:

– Alfredo, é você?

– Sim, sou eu, Afonso.

– Ah, papai, sabia que o senhor viria para me ver – disse o menino com um sorriso. – Faz tempo que eu espero pelo senhor, papai...

Alfredo não conteve a emoção e começou a chorar. Maria Celeste assistia a tudo calada; seu coração sangrava ao ver aquela cena tão chocante: seu filho, delirando de febre, chamava pelo pai, confundindo-o com Alfredo. A cada minuto, ela odiava mais o pai irresponsável de Afonso. Ela o odiaria pelo resto da vida. Não era justo o mal que ele fizera ao menino. Se pudesse encontrá-lo naquele momento, ela o espancaria de tanta raiva.

– Papai, você veio para ficar comigo? – perguntou o menino.

Alfredo olhou para Maria Celeste, sem saber o que responder. Ela balançou a cabeça afirmativamente. O que mais poderiam fazer naquela situação?

– Sim, filho, eu vim para ficar com você.

– Alfredo, você vai para casa comigo e com a mamãe?

– Sim, filho, eu vou – respondeu Alfredo entre lágrimas.

– Promete que nunca mais vai me abandonar?

– Prometo.

– Papai, eu te amo!

– Também te amo, meu filho! – Alfredo inclinou-se e beijou a testa ardente de Afonso.

– Estou feliz que você voltou para nós, papai. Eu e a mamãe sentimos muito sua falta. Agora que voltou, vai ficar com a gente para sempre, não vai?

– Sim, filho, eu vou.

O menino adormeceu feliz, segurando a mão de Alfredo.

Passados alguns minutos, o médico entrou no quarto com o diagnóstico da doença de Afonso:

– Maria Celeste, o Afonso está com apendicite e precisa ser operado imediatamente.

– Meu Deus! Posso participar da cirurgia do meu filho, doutor?

– Acho melhor não. Você está muito nervosa e poderia atrapalhar. Não se preocupe; a cirurgia não é complicada, você sabe disso. Daqui a meia hora o levaremos para a sala de cirurgia. Só precisamos de uma coisa, e nisso você pode nos ajudar. Necessitamos de doadores de sangue para a cirurgia; nosso estoque está baixo e não temos o sangue compatível com o dele.

– Ai, meu Deus! – exclamou Maria Celeste, preocupada.

– O que foi? Qual é o problema? – perguntou o médico, vendo o olhar espantado da mãe do garoto.

– É que o Afonso não possui o meu tipo sanguíneo. Aliás, o sangue dele não é compatível com o de ninguém lá de casa.

– E agora? – perguntou Alfredo, desnorteado.

– Chame aqui o pai dele. Se o sangue dele não é compatível com o seu, só pode ser então compatível com o do pai.

Maria Celeste ficou pálida, e uma onda de horror passou por seu rosto.

– Qual é o problema? Você não tem contato com o pai do menino? – perguntou o médico, já ficando preocupado.

– Não tenho! – afirmou Maria Celeste com uma voz gelada, que fez estremecer o coração de Alfredo.

– Então você precisa procurá-lo. Não vai ser fácil achar outro doador tão depressa, pois o tipo de sangue dele é raro. E, sem o sangue, não podemos começar a cirurgia.

– Meu Deus! Não sei como encontrá-lo! O que vou fazer agora? – desabafou Maria Celeste, começando a chorar.

– Doutor, qual é o tipo de sangue de Afonso? – perguntou Alfredo, já agoniado com aquela conversa.

– É tipo O negativo.

– Ótimo! – suspirou Alfredo, aliviado. – É meu tipo sanguíneo. Vou ser o doador para Afonso; pode tirar de mim todo o sangue que o senhor precisar.

– Maravilha! – exclamou o médico. – Venha comigo, meu rapaz. Precisamos fazer alguns exames.

Alfredo levantou-se e seguiu o médico. Maria Celeste deixou-se cair na cadeira, aliviada. Onde ela poderia encontrar o canalha do pai de Afonso? Só se fosse no inferno!

A doação foi feita, e Alfredo voltou para a sala de espera, onde estavam os familiares do menino. Quando Alfredo entrou na sala, Maria Celeste correu até ele, jogou-se em seus braços e o beijou.

– Obrigada! Muito obrigada! Serei eternamente grata a você pelo que fez!

– Eu não fiz nada, apenas ajudei um amigo. Se eu precisasse, tenho certeza de que vocês fariam o mesmo por mim.

Alfredo envolveu-a em seus braços, e eles ficaram ali, abraçados, esperando notícias.

※

Já havia amanhecido quando o médico entrou na sala trazendo boas notícias. A cirurgia tinha sido um sucesso, e Afonso já estava na sala de recuperação; logo estaria no quarto. O alívio foi geral. Maria Celeste abraçou e beijou Alfredo várias vezes em agradecimento. Os pais dela voltaram para casa, e ela e Alfredo ficaram esperando que o menino voltasse para o quarto.

Afonso voltou ainda dormindo. Maria Celeste ficou muito feliz ao ver o filho e o beijou repetidamente.

Alfredo chorou ao ver o menino dormindo calmamente, como um anjo.

– Ainda bem que você estava aqui; se não fosse por você, não saberia o que fazer. Você salvou meu filho – disse Maria Celeste, enquanto passava a mão pelos cabelos do menino.

– Então quer dizer que o tipo sanguíneo do menino é igual ao do pai?

– Isso mesmo. Quando descobri esse fato, fiquei mortificada de raiva. Até o sangue dele era o mesmo daquele infeliz!

– Do jeito que você se refere ao pai do menino, fica claro o ódio que sente por ele.

– Você nem sabe o quanto!

– Por quê?

– Esse pedaço do meu passado é muito triste e sujo. Meus pais são os únicos que sabem realmente o que me aconteceu. Afonso não sabe a verdade e nunca vai saber.

– É tão grave assim?

– É terrível. Eu guardo isso bem trancado em minha mente, e você não sabe o mal que me faz. Meu coração sangra todas as vezes que eu me lembro do que aconteceu. E como poderia esquecer, se meu próprio filho é resultado disso? Tenho pesadelos à noite e sofro muito com essa situação.

– Se não quiser, não precisa falar mais nada, eu entendo. Também tenho meus medos e fantasmas do passado que me atormentam.

– Eu queria poder me livrar de tudo isso, mas não consigo. Minha vontade é ficar cara a cara com aquele cretino; talvez, se eu lhe falasse poucas e boas, conseguiria aliviar meu coração. Poderia ao menos tentar desabafar com você, já que é psicólogo.

– Se quiser conversar, posso ajudá-la.

– Antes, prometa-me que não vai comentar isso com ninguém, principalmente com meu filho.

– Prometo. Pode confiar em mim.

– Espero que tenha bastante tempo livre, porque a história é longa. Tudo começou há muito tempo, quando eu ainda era estudante de medicina. Um dia, estava saindo de casa bem cedo; eu trabalhava como residente no hospital. Logo que saí, fui abordada na rua por um homem desconhecido, armado com um canivete.

Alfredo estremeceu. Ela lhe contaria uma história que ele conhecia muito bem. Porque Maria Celeste estaria tocando naquele assunto? O que isso tinha a ver com o pai de Afonso?

— O sujeito me encostou o canivete no pescoço e me levou até uma construção abandonada perto de casa. A princípio, achei que fosse um assalto, mas estava enganada. Ele me levou até lá com outra intenção.

Alfredo ficou gelado; suas mãos tremiam, e ele começou a chorar. Relembrar aquilo tudo lhe fazia muito mal, mas ouvir da boca da mulher que ele havia prejudicado doía muito mais. E, ainda pior, ela lhe contava aquilo porque confiava nele, justamente ele, o causador de todos os seus males.

— Lá dentro, ele me ameaçou de morte se eu reagisse ou gritasse. Com medo, me calei. De posse do canivete, ele rasgou minhas roupas e me violentou. Não pude ver seu rosto; havia pouca luz, e ele me impedia de olhá-lo de frente. Tudo o que sei é que ele era horrível: roupas sujas, cabeludo e barbudo, cheirando a álcool. Quando terminou seu ato insano, ele arrancou a correntinha que eu tinha no pescoço e fugiu. O canalha, além de me violentar, também me roubou.

Alfredo mal se continha; queria gritar e pedir desculpas para ela; queria se jogar aos seus pés e pedir perdão pelo que tinha feito. Estava passando mal: a boca havia secado, seu estômago doía, sua cabeça rodava.

— Quando finalmente consegui me recompor, voltei para casa, arrasada e machucada. Espiritualmente, ele havia destruído minha vida. Minha mãe chorava, e meu pai queria ir atrás dele para matá-lo. Mas como, se eu não sabia nem mesmo quem era? Fomos até a polícia prestar queixa, mas não deu em nada. Sem a identificação do sujeito e sem pistas, a polícia não tinha o que fazer.

Alfredo queria se jogar pela janela, tamanha a vergonha que sentia de si mesmo. Virou o rosto, vermelho e banhado em lágrimas, para que ela não o visse enquanto narrava as atrocidades que ele próprio havia cometido.

— Durante muitos dias, fiquei trancada em casa, com medo de que ele aparecesse novamente. Não ia mais para o trabalho nem para a faculdade. Tomava vários banhos por dia, pois me sentia suja. Um mês depois, meu professor da faculdade veio me visitar. Queria saber o que tinha acontecido, pois eu havia abandonado o curso e o hospital. Meu pai lhe contou o que tinha acontecido, e ele ficou chocado.

As palavras de Maria Celeste feriam o coração de Alfredo como punhais. Como doía ouvir tudo aquilo de sua boca.

— Ele veio conversar comigo; queria que eu retomasse minha vida, mas eu tinha medo. Ele me falou que não adiantava fugir; era preciso enfrentar aquilo tudo. Além do mais, os covardes que praticam esse tipo de crime não costumavam voltar; eles simplesmente fugiam. Disse também que se prontificaria a me ajudar e a me proteger.

Alfredo, enciumado, conseguiu controlar seu pavor por um instante e perguntou:

— Ele é o pai de seu filho?

— Não. O pior ainda estava por vir.

— Tem como piorar?

— Você não imagina o quanto.

Alfredo suspirou. O que ainda de pior poderia ter acontecido com aquela pobre criatura?

— Meu professor me disse que eu precisava fazer exames clínicos. Tinha que ter certeza de que não havia contraído nenhum tipo de doença. Como não sabíamos quem era o desgraçado, era necessário cuidar da minha saúde física. Fui até o hospital, acompanhada por meus pais, e fiz uma bateria de exames, inclusive teste para aids. Não bastasse tudo o que ele tinha me feito, ainda corria o risco de ter contraído alguma doença daquele infeliz. Ele também me providenciou tratamento psicológico. Minha cabeça estava um caos.

— Posso imaginar... — disse Alfredo, triste.

— Não, não pode. Minha dor e minha vergonha eram tamanhas, que cheguei até a pensar em suicídio.

Alfredo levou as mãos à cabeça e puxou os próprios cabelos.

— Quando os exames ficaram prontos, tive uma surpresa. Mais uma vez a vida me pregava uma peça. Para meu completo desespero, o exame deu positivo para gravidez. Eu estava grávida daquele canalha. Teria um filho do desgraçado que havia me estuprado.

— O quê? — gritou Alfredo, completamente desesperado. — Afonso é filho dele?

— Sim! — confirmou ela num fio de voz.

Alfredo começou a passar mal; seu estômago embrulhou e ele sentia náuseas. Correu para o banheiro e vomitou. Estava enjoado. Quando saiu de lá, tinha o rosto transtornado. Uma palidez cadavérica apossou-se de seu corpo. Estava gelado e tremia. Jogou-se então no sofá e chorou muito.

Maria Celeste não conseguiu entender a atitude de Alfredo. Aproximou-se dele e colocou a mão em seu ombro:

— Alfredo, o que aconteceu? Você está bem?

— Por favor — disse ele chorando —, não me toque. Afaste-se de mim; não mereço sequer ficar perto de você.

— Alfredo, não estou entendendo. O que aconteceu?

— Céu, me diga a verdade: este menino é mesmo filho daquele homem?

— Sim! O pai do meu filho é o canalha que me violentou.

— Por que, meu Deus, por quê? — Alfredo chorava, esmurrando o próprio peito.

— Quando soube que estava grávida, quase enlouqueci. Como poderia ter um filho do homem que havia me violentado? Meu filho poderia se transformar em um bandido, como o pai. Esse pensamento não me saía da cabeça. Meus pais choravam sem parar. Meu professor procurou um advogado; no caso de estupro, o aborto era permitido. Se eu quisesse, a lei estava do meu lado; era um direito meu não ter aquele filho indesejado.

Maria Celeste respirou fundo, e lágrimas escorriam de seu rosto. Reviver aqueles momentos dolorosos ainda lhe fazia muito mal.

— Não sabia o que fazer. Meus pais disseram que apoiariam qualquer que fosse minha decisão. À noite, passei a ter pesadelos horríveis. Sonhava com meu filho nascendo e se transformando num criminoso, como o pai. Acordava aos prantos e chorava o resto da noite. Dois meses se passaram, e eu ainda não sabia o que fazer. Procurei uma clínica clandestina especializada em abortos e me informei sobre como eram realizados os procedimentos. Saí de lá enojada, tamanha a atrocidade que se comete contra os fetos inocentes nesses lugares. Decidi que aquilo eu não faria.

Ela parou e respirou fundo mais uma vez, antes de continuar sua narrativa:

— Desesperada, pensei em me matar, assim acabaria com meu sofrimento e ainda levaria o filho dele comigo. Essa ideia me perseguiu durante vários dias. Seria uma forma de vingança contra ele: impedir que seu filho nascesse.

Alfredo ficou horrorizado ao ouvir aquilo. Destruir aquela criança tão meiga e inocente, apenas para castigá-lo! Instintivamente, foi até a cama e segurou com firmeza a mão de Afonso, para protegê-lo.

— Um dia, saí andando sem rumo, decidida a acabar com minha própria vida e a do bebê também. Quando me dei conta, estava diante do hospital onde trabalhava. Uma amiga me encontrou na porta e, toda animada, me convidou para conhecer sua sobrinha que acabara de nascer. Eu a segui. Quando dei por mim, estava lá dentro, segurando nos braços uma recém-nascida. Ao olhar para aquela carinha indefesa, senti vergonha de mim mesma.

— O que você fez depois? — perguntou ele.

— Procurei meus pais e comuniquei a eles que tinha resolvido ter o bebê, mesmo que fosse para entregá-lo para adoção quando nascesse. Eles me apoiaram. Fui até o médico fazer meu primeiro exame pré-natal, pois precisávamos ter certeza de que o bebê estava bem. Você não pode imaginar o que senti quando escutei o coração do meu filho batendo pela primeira vez! Chorei muito, de emoção e de vergonha.

— Você é uma mulher de muita fibra.

— Decidi voltar aos estudos e ao trabalho. Quando minha barriga começou a aparecer, inventei que havia sido abandonada grávida pelo namorado. Assim o tempo foi passando, e eu, amando meu filho mais a cada dia. Apaguei da lembrança a ideia de que meu bebê seria filho de um estuprador; ele era apenas meu filho, só meu e de mais ninguém.

— Você é uma mulher especial; eu a admiro por isso.

— Quando ele nasceu, foi a maior alegria da minha vida. Era um menino, o meu menino, lindo feito um anjinho. Quando olhei seu rostinho meigo, todas as minhas preocupações se acabaram.

— Ele tem os seus olhos azuis — exclamou Alfredo, sorrindo e alisando os cabelos do menino.

— Eu lhe dei o nome do meu pai e torci para que fosse tão íntegro quanto o homem com quem compartilhava o nome. Ele não dava trabalho; era realmente um anjinho. Durante vários meses, fiquei com medo de que um homem estranho batesse na minha porta dizendo que era o pai do meu filho e o levasse embora.

— Posso imaginar seu sofrimento — falou Alfredo com sinceridade.

— Não, não pode. Só quem passa por uma situação como esta sabe o que eu senti. Felizmente, tudo passou; hoje sou muito feliz vivendo ao lado do meu filho; ele é a alegria da minha vida. Agradeço a Deus todas as noites pelo filho maravilhoso que ele me deu.

Quando ela terminou sua história, Alfredo sentia-se muito perturbado. Precisava sair dali o mais rápido possível, senão iria cometer uma loucura. Beijou a face adormecida de seu filho, caminhou até Maria Celeste e encarou aqueles olhos azuis e úmidos. Passou a mão pelo seu rosto molhado e foi embora, decidido a nunca mais voltar.

❈

Alfredo saiu do hospital e foi para o parque onde costumava jogar futebol com Afonso. Sua cabeça doía tanto, que parecia prestes a explodir. Sua boca estava amarga, assim como seu coração. Nem em seus piores pesadelos ele poderia imaginar uma história como aquela. O desfecho de sua loucura havia tido um final pior do que imaginava. Agora não era só Maria Celeste quem o odiaria; também seria odiado pelo filho, cuja existência ele sequer imaginava.

– Canalha! – repetia para si mesmo a cada instante. – Como você foi canalha, abandonando mulher e filho. Deus! O que faço da minha vida?

Alfredo queria chorar, mas não conseguia. Sentia uma dor imensa em seu coração. O peso da culpa esmagava seus ombros. Tinha que contar a verdade a Maria Celeste, mesmo que isso significasse nunca mais vê-la. Ela o odiava mais pelo abandono do filho do que por qualquer outra coisa.

– Filho... Eu tenho um filho, e ele se parece comigo – dizia Alfredo para si. – Por isso que a fisionomia dele me era familiar; por isso Maria Celeste dizia que me conhecia de algum lugar. Ela estava me vendo no filho, embora não tivesse consciência disso. Eu tenho um filho, que me ama. Mas que vai me odiar quando souber o que fiz para a mãe dele.

Alfredo estava num beco sem saída. Sua maior alegria também era seu maior desespero. Para se aproximar do filho, teria que contar para Maria Celeste a verdade, e isso o destruiria. O único jeito, então, era continuar mentindo.

– Um filho – repetia Afonso. – Eu tenho um filho. Por isso nossa ligação. Por isso ele se afeiçoou a mim tão rápido. Ele é meu filho; o sangue falou mais forte. Que alegria não vai ser para minha mãe quando ela descobrir que tem um neto!

Seu desespero cedeu lugar à alegria de saber que era pai de Afonso. De uma forma completamente tortuosa, Alfredo tinha se tornado pai. Pai de um menino muito especial. Ele se ajoelhou no chão e agradeceu:

– Como Deus é bom e misericordioso! Agraciou um mísero pecador como eu com a graça de ter um filho maravilhoso. Obrigado, Deus!

Alfredo então se levantou, sentou-se no banco e ficou pensando em sua vida infeliz. Um casal, acompanhado de um menino, passou por ele, que ficou olhando os três até que sumissem de vista.

– Eu sou o pai dele, e ele vai me amar de qualquer jeito. Porém sua mãe nunca vai me perdoar. O jeito é aproveitar o pouco tempo que me resta de felicidade. Ele está doente e precisa de mim; ficarei ao lado dele.

Alfredo estava cansado; tudo o que havia feito na vida tinha dado errado. Sua existência era uma mentira; havia enganado a mulher que amava e agora também estava mentindo para o filho. Sua vida girava em torno de mentiras e, no dia em que contasse a verdade, sua vida desmoronaria.

Diante do espelho do banheiro, Alfredo conversava consigo mesmo:

– Alfredo, meu velho, até hoje você só fez porcaria com a sua vida. E pior: você é um tremendo covarde; quando a situação fica feia, você foge, covardão! A heroína dessa história foi a Céu, que, mesmo depois de toda a maldade que você lhe fez, ainda teve a coragem de assumir sozinha seu filho. Ela sim tem fibra. Você é um banana. Um banana!

Ele entrou no chuveiro e colocou a cabeça embaixo da água fria, para ver se a água limpava sua mente. Depois do banho, foi até a lanchonete, comeu alguma bobagem e voltou para o hospital.

– Boa tarde! Posso entrar? – perguntou ele de cabeça baixa.

– Claro! Eu estava mesmo querendo falar com você. Entre – disse Maria Celeste com um sorriso.

Alfredo gelou. O que ela ainda poderia querer falar com ele?

– Sente-se, por favor. Precisamos conversar.

Alfredo caminhou até a cadeira e sentou-se.

– Alfredo – ela prosseguiu –, você ficou chocado com o que lhe contei hoje cedo?

– Fiquei! – respondeu ele, sem olhá-la.

– O que achou de tudo o que lhe contei?

– Sinceramente, não sei o que responder.

– Eu já imaginava.

– Como assim? – perguntou ele, apavorado, imaginando que ela soubesse de alguma coisa.

– Alfredo, geralmente quando um homem se depara com uma situação dessas, ele foge. Se para a mulher é muito complicado lidar com uma situação desse tipo, imagine para um homem!

— Como assim?

— Quando esse episódio triste me aconteceu, fiquei desesperada; sentia-me suja e culpada por tudo. Como lhe contei, tomava vários banhos por dia, tentando me limpar da presença dele. Na minha cabeça, eu achava que poderia ter feito alguma coisa, que poderia ter reagido, fugido, gritado ou sei lá o quê. Mas não reagi, e isso me atormentava muito. Como psicólogo, você sabe que muitos homens culpam a mulher em casos de estupro.

— Isso é uma tolice.

— Mas é a verdade. Sabe, uma vez apareceu um homem em minha vida. Ele começou a frequentar o hospital, me chamou para sair algumas vezes e disse que queria ser meu namorado. Falou também que não se importava por eu já ter um filho. Eu ainda não me sentia pronta para um novo relacionamento, mas ele insistia. Um dia, tomei coragem e lhe contei a verdade. Ele teve a mesma reação que você. No dia seguinte, desapareceu, e até hoje não tive mais notícias dele.

— Ele não a merecia — disse Alfredo, já com raiva desse sujeito ignorante.

— Mas é a realidade. Hoje de manhã, quando lhe contei a verdade, vi em você a mesma reação que ele teve. Quando você foi embora, podia jurar que não ia mais voltar.

— Desculpe se a decepcionei. Sou um idiota mesmo. Não estava tentando fugir de você; um dia você vai entender os meus motivos.

— De qualquer forma, achei que nunca mais o veria. Quando apareceu aqui na porta, tomei um susto.

— Se quiser, eu posso ir embora. Se minha presença lhe desagrada, desaparecerei de sua vida para sempre.

— Alfredo, seja sincero comigo: você me ama?

Alfredo levou um choque. Maria Celeste o havia pegado de surpresa. Ele levantou a cabeça e deparou-se com aqueles lindos olhos azuis — aqueles olhos azuis que o hipnotizavam.

— Eu a amo, desde a primeira vez em que a vi.

Era verdade. Alfredo havia se encantado com Maria Celeste desde aquele dia em que tinham se esbarrado na faculdade.

— Agora que eu já sei o que queria saber, você é livre pra fazer o que quiser. Se quiser ir embora, sinta-se à vontade; não vou me zangar com você.

— Posso realmente fazer o que eu quiser? — perguntou ele com um sorriso maroto nos lábios.

— Sim, faça o que quiser. Estou preparada para suportar qualquer coisa. Nesta vida, nada mais me assusta.

Alfredo se aproximou de Maria Celeste, pegou-a pelo braço e levantou-a da cadeira. Perdido na imensidão azul de seu olhar, perguntou-lhe:

— Me responda uma coisa que sempre me deixou curioso: seu nome é Maria Celeste por causa da cor dos seus olhos?

— Exatamente. Isso não é óbvio?

— Então, quero me perder nesse céu azul.

Alfredo puxou-a para si e beijou-a apaixonadamente. Estavam felizes e, por um breve momento, ambos se esqueceram dos problemas e entregaram-se à felicidade proporcionada pelo amor verdadeiro.

— Como ele está? — perguntou Alfredo algum tempo depois.

— Muito bem. Já acordou, comeu, perguntou por você e dormiu novamente.

— Que bom que ele está bem.

— Graças a você, que foi seu anjo da guarda.

— Não fiz mais do que minha obrigação. Não poderia deixar o garoto morrer, ele é meu melhor amigo. — disse Alfredo, beijando-a novamente.

Afonso acordou e ficou feliz em ver Alfredo ali.

— Alfredo — gritou ele —, você veio me ver?

— Claro. Como poderia deixar de vir visitar meu companheiro de futebol?

— Mentiroso. Vi você beijando a mamãe. Você está aqui por causa dela, isso sim.

– Afonso, não seja indelicado! – ralhou Maria Celeste, envergonhada.

Alfredo sorriu com a esperteza do filho.

– Eu vim para visitá-lo e também para ver sua mãe – falou Alfredo, piscando para o menino.

– Eu sabia que isso ia acontecer. Tava na cara! Era só vocês dois se tornarem amigos e pronto!

– Que conversa besta é essa, menino?

– Ora, mamãe, eu sou criança, mas não sou bobo. Vocês são solteiros; era só ficarem juntos algum tempo que ia acabar em beijo.

– Ah, depois dessa, acho melhor me enfiar debaixo da cama – suspirou Maria Celeste.

– Está insinuando que nós dois estamos namorando, Afonso, é isso?

– E não estão? – desafiou o garoto.

– O que você diria se estivéssemos?

– Que já era hora... Até eu, que sou criança, já havia percebido que vocês se gostam. Depois, mamãe já está ficando velha pra casar; se perder essa oportunidade, não sei não!

– Afonso! – gritou Maria Celeste. – Isto é jeito de falar de sua mãe? Olha o respeito, menino!

– Estou mentindo por acaso? Eca! Agora vai ser essa beijação sem fim pelos cantos.

– Depois dessa, eu vou embora. Alfredo, você se importa de ficar com esse tagarela enquanto eu vou para casa tomar um banho?

– Claro que não! Pode ir sossegada que eu tomo conta da fera. Enquanto isso, aproveito para conversar com ele de homem para homem.

– Pode deixar, mãe. Se ele quiser namorar a senhora, vai ter que pedir minha autorização, afinal, eu sou o homem da casa.

– Esse menino não é meu filho; ele foi trocado na maternidade, não é possível!

Alfredo sorriu, feliz.

– Tchau para quem fica! – Maria Celeste beijou o rosto do filho e de Alfredo, e saiu.

– Agora que estamos sozinhos, vamos conversar sério – pediu o menino.
– Tudo bem, vamos lá.
– Alfredo, você gosta mesmo da minha mãe?
– Sim, eu gosto muito da sua mãe.
– Você não vai fazer ela sofrer, vai?

Alfredo engasgou para responder a essa pergunta. O que mais queria no mundo era fazer Maria Celeste feliz.

– Afonso, prometo a você que vou fazer de tudo para que sua mãe seja feliz.
– Ainda bem. Minha mãe é muito triste; mesmo ela não falando nada, vejo a tristeza em seus olhos. Ela precisa de alguém para amar. Quem sabe assim ela fica mais feliz.
– Se depender de mim, sua mãe será feliz.
– Obrigado, Alfredo, você é um amigão.

※

Afonso recebeu alta e foi para casa. Alfredo se dividia entre o curso, que estava quase no final, e a casa de Maria Celeste, onde fazia companhia para Afonso. Na última semana do curso, Alfredo recebeu um telefonema de Camilo.

– Alfredo, meu filho, estou ligando para lembrá-lo de que seu curso termina esta semana.
– Eu sei, irmão Camilo.
– Também quero lhe dizer que estou sabendo de tudo o que está acontecendo com você.
– Também sei disso, irmão, afinal, o senhor é meu conselheiro.
– Por isso estou ligando para você. Semana que vem você estará voltando para casa sem ter resolvido o problema com o qual se comprometeu. Chegou a hora, meu filho: ela precisa saber da verdade.

Alfredo começou a chorar.

– Eu sei, irmão, e esse momento vai ser o mais triste de minha vida, pois, quando ela souber da verdade, vai me odiar para sempre.

– Meu filho, você não sabe o que está dizendo. O ódio é um sentimento muito triste e pesado; creio que uma mulher como Maria Celeste não tenha espaço em seu coração para esse tipo de sentimento tão mesquinho.

– Mas, quando souber quem sou eu de verdade, ela vai me odiar.

– Alfredo, o coração de Maria Celeste está repleto de amor; não há espaço nele para o ódio. Não se pode amar e odiar uma pessoa ao mesmo tempo.

– Sabe, irmão, nunca fui tão feliz na vida. Estou vivendo ao lado de minha amada e de meu filho. Pode haver no mundo felicidade maior que esta?

– Não, meu filho, não pode. Só que você está construindo essa felicidade em cima de mentiras, e não se pode construir amor com mentiras.

– O senhor tem razão. Sofro muito por ter que mentir, mas eu lhe peço que me entenda. Foi a única maneira de poder ficar perto dela.

– Não o estou culpando por isso, Alfredo. Só peço que lhe diga a verdade. A verdade fará bem aos dois; ela será semelhante a um xarope amargo, que no início é ruim de engolir, só que no final cura a tosse.

– O senhor está certo; só que dói muito saber que vou perder tudo o que mais amo no mundo.

– Entenda, Alfredo, que esse mal será necessário e passageiro. "Não há no mundo um bem que não se acabe nem um mal que sempre dure", já diz o ditado. Confie em Deus. No final tudo dará certo, pode acreditar neste velho que o ama muito.

– Eu confio, irmão, eu confio.

A VERDADE

A última semana de curso passou depressa e, com ela, foi-se a paz de espírito de Alfredo. Ele estava muito nervoso e abatido; até Afonso percebeu a mudança de humor no amigo. Alfredo, sempre brincalhão e presente, nos últimos dias estava triste e ausente.

Quando o menino perguntava qual era o motivo de suas preocupações, ele dizia que o problema era o final do curso, pois teria que ir embora. Quando Maria Celeste perguntava, ele dizia que o motivo era por ter que se separar de Afonso. Assim, ia levando seus últimos dias na capital em completo desespero, por não saber o que de fato deveria fazer.

Após o término do curso, foi realizado um coquetel para a entrega do certificado de conclusão. Alfredo foi o único que não aproveitou a festa; passou o tempo todo triste em um canto. Quando o coquetel acabou e todos se despediram, Alfredo compreendeu que havia chegado a hora da verdade.

Ele havia combinado com Maria Celeste de se encontrarem à noite em seu quarto de hotel para conversarem. Aquele seria o dia mais importante de toda a sua vida, pois, no final dele, seria o mais feliz ou o mais miserável dos homens do planeta Terra.

Enquanto esperava pela jovem, Alfredo andava de um lado para o outro em seu quarto, feito fera enjaulada. Às oito horas em ponto, ela chegou.

Maria Celeste estava tranquila e sorridente, pois nem em seu pior pesadelo poderia prever o que a esperava. Ela entrou, beijou-o e sentou-se no sofá à sua espera. Alfredo, muito aflito, preferiu ficar de pé, assim não seria obrigado a encarar o semblante feliz de Celeste. A jovem achou muito estranho o comportamento de Alfredo; ele não parecia o mesmo rapaz alegre e confiante de dias atrás. Preocupada com seu nervosismo, achou melhor aguardar que ele se pronunciasse.

Realmente muito nervoso, Alfredo se ajoelhou diante de Maria Celeste e segurou suas mãos, enquanto dizia:

– Céu, precisamos conversar seriamente, e o que tenho para lhe dizer é muito importante. Nem sei se vou conseguir lhe dizer tudo o que preciso, mas vou tentar.

– Sei que está preocupado com o final do seu curso. Você tem que voltar para casa, não é isso? Este é o problema: você ter que ir embora para casa?

– Não é só isso que me preocupa, tem muito mais... E é esse "muito mais" que está me deixando assim.

– Alfredo, estive pensando e talvez eu possa ajudá-lo. Por que você não fica por aqui mesmo? Posso ajudar você a conseguir um bom emprego; eu conheço muita gente e acho...

– Não é tudo tão simples assim, Céu. Um bom emprego nem de longe resolveria meus problemas.

– Você poderia trazer sua mãe para morar com você, se é isso que o preocupa.

– Não, não! Você não entende, Céu. O que eu tenho para lhe dizer é muito sério, e não sei nem como começar. É tão grave que, talvez, seja até caso de polícia.

– Ora bolas! Então comece de uma vez. Diga logo o que quer me dizer. Você está me deixando preocupada com todo esse rodeio.

– Você vai me odiar para sempre quando eu terminar de dizer tudo o quero, se é que vai me deixar terminar de falar.

– Nossa, agora você está me dando medo! O que pode haver de tão ruim assim para me contar? Por acaso você é algum bandido, um criminoso ou algo assim? Você disse que era caso de polícia. Precisa de um advogado? Meu pai conhece um ótimo; posso ligar para ele se quiser!

– Não, eu não preciso de um advogado, pelo menos não por enquanto. Tudo o que preciso no momento é de você aqui comigo. Só que, antes de começar, quero lhe perguntar uma coisa muito importante... Céu, você me ama realmente?

– Claro que sim, e você sabe disso, seu bobo! O que mais eu preciso fazer para lhe provar que o amo?

– Me perdoar! – disse ele, baixando a cabeça em sinal de humildade.

– O quê? Como assim? Explique o que está acontecendo – pediu ela, confusa. O que teria acontecido com Alfredo? Será que ele tinha bebido para estar se comportando daquela maneira estranha?

– Céu – murmurou ele em um fio de voz, enquanto levava as mãos da jovem em direção ao seu peito –, você seria capaz de me perdoar se eu tivesse feito uma coisa muito, mas muito grave mesmo?

– Bom, vejamos... Vamos analisar as possibilidades – disse ela em tom de brincadeira, tentando aliviar a tensão. – Você é casado?

– Não.

– Matou alguém ou está fugindo da polícia?

– Não... – respondeu ele, meio em dúvida quanto à sua resposta, afinal, ele era um criminoso aos olhos da lei e poderia se dizer que estava sendo procurado pela polícia.

– Então, não vejo o que de mais grave poderia ter feito para precisar do meu perdão.

– Mas eu fiz, Céu, eu fiz! – gritou ele, chorando, enquanto soltava as mãos da jovem e se afastava dela. – Você não é capaz sequer de imaginar, mas meu passado me condena ferozmente, e minha consciência me acusa todos os dias. Não é justo que você continue ao meu lado, pelo menos, não sem que saiba de toda a verdade sobre mim. Não suporto mais enganá-la. Você não merece isso; você não merece o que eu lhe fiz!

— Alfredo, você está me assustando; estou ficando com medo. Tenho motivos para isso? – perguntou ela com um brilho de pavor nos olhos, relanceando o olhar para a porta enquanto tentava se lembrar se ele a havia trancado quando ela entrara.

— Jamais faria algo para machucá-la, Céu; você é o bem mais precioso que possuo – respondeu ele com um olhar amoroso voltado em sua direção. – Eu te amo; lembre-se sempre disso, Céu: eu te amo! Nunca lhe faria mal.

— Diga-me logo o que quer me dizer e acabe de uma vez com essa agonia. Estou ficando assustada com tudo isso – disse ela, já se levantando e se encaminhando para a porta. – Talvez seja melhor eu voltar outro dia para terminarmos essa conversa; você está muito alterado hoje.

Alfredo percebeu que estava assustando a jovem, e que ela se dirigia à porta para ir embora. Correu em sua direção e a pegou pela cintura.

— Me desculpe! – pediu serenamente, mergulhando naqueles profundos olhos azuis. – Pareço um idiota! Na verdade, acho mesmo que sou um. Que porcaria de psicólogo sou eu, hein? Não consigo sequer articular uma frase completa e coesa. Você tem razão. Venha comigo.

Calmamente, Alfredo conduziu Maria Celeste de volta ao sofá e sentou-se a seu lado. Com uma discreta lágrima escorrendo pelo canto do olho, beijou-lhe a testa ternamente enquanto lhe perguntava:

— Meu amor, você promete me ouvir até o fim, não importando o quanto seja difícil?

— Sim, prometo. Mas que coisa, Alfredo, desembuche logo de uma vez! O que você quer tanto me dizer? – perguntou ela, já irritada a essa altura.

Alfredo baixou a cabeça e fechou os olhos. Em uma sentida prece, pediu ajuda e inspiração aos seus amigos espirituais e a Deus:

— Meu Deus, dê-me forças neste momento tão difícil de minha vida. Coloque as palavras certas em minha boca, para que eu consiga dizer tudo o que necessito dizer. Limpe a minha mente, para que me lembre de todos os detalhes importantes. Desembace meus olhos, para que enxergue além de minhas verdades e traga à tona a verdade da qual necessito a fim de poder me explicar. Que eu não omita nada e que nada fique escondido, para o bem maior de todos os inocentes envolvidos nessa história, da qual sou o único culpado e responsável. Amém.

Depois de orar fervorosamente, Alfredo abriu os olhos e levantou a cabeça. Maria Celeste o olhava com preocupação. Ele respirou fundo e continuou:

— Céu, nem sempre fui o homem que sou hoje e que você conhece. Ou que pensa conhecer — disse ele, demonstrando amargura na voz. — Quando cheguei à capital, eu era um homem amargo e introvertido. Não tinha amigos e não saía de casa. Não acreditava em Deus nem em nada que pudesse me ajudar, além de mim mesmo.

— Puxa! Você devia ser um homem muito infeliz mesmo.

— Eu era, você nem imagina como! Mas um dia eu conheci uma jovem, e ela encheu minha escura e triste vida de luz e felicidade. Eu era outro homem; havia me transformado.

— Isso foi uma coisa boa, não foi?

— Teria sido, se eu não fosse tão tímido e tão tolo. Também era muito pobre e fazia de minha condição financeira um empecilho para me aproximar dela. Em minha mente doentia, eu criava vários obstáculos para não me aproximar. O fato é que eu não tinha coragem de abordá-la para uma conversa. Meu amor por ela era como uma estrada de mão única: só eu amava; ela sequer sabia que eu existia.

Alfredo parou um pouco para pensar, tentando escolher bem as próximas palavras. Temia muito o momento da verdade nua e crua, que se aproximava. Respirou fundo e continuou:

— Meu amor por essa moça se transformou em obsessão. Passei a segui-la sem que ela soubesse. Eu a conhecia como a palma da minha mão: sabia onde ela morava, aonde ia, o que fazia, enfim, sabia tudo sobre ela. Criava situações apenas para ficar um pouco mais perto dela, mesmo que ela não me notasse.

– Nossa, Alfredo, que história mais estranha! Ainda não entendi aonde isso tudo vai nos levar.

– Logo você entenderá. Para piorar minha situação, como não via meu amor ser correspondido, comecei a beber. Dentro de minha ignorância, achava que bebendo eu esqueceria todos os meus problemas e a rejeição da qual me fazia vítima. Só que o álcool me afundou ainda mais em meus devaneios, e eu fui ficando mais louco a cada dia.

– Eu me lembro de você ter me dito que no passado esteve envolvido com o alcoolismo.

– Realmente eu lhe contei isso, só que omiti o motivo que me levou a procurar o álcool. Minha vida virou um inferno; além da obsessão crescente pela jovem, também me perdi na bebida. Não demorou muito e acabei perdendo o emprego. Fiquei transtornado e passei a fazer burradas na vida.

– Isso que está me contando é muito triste. Você deve ter sofrido muito estando sozinho, sem amigos nem família para apoiá-lo.

– E eu ainda não cheguei à pior parte. Tudo iria ainda piorar. Sem emprego, também perdi o quarto onde morava. Fiquei desempregado, sem casa, perdido no vício e obcecado por uma mulher que nem sabia que eu existia.

A história estava chegando à parte que Alfredo mais temia. Não havia mais como enganá-la: era chegada a hora da verdade. Onde arranjaria coragem para contar todo o resto? Desesperado, seus olhos começaram a lacrimejar.

– Céu, agora vem a pior parte. Espero que possa me perdoar um dia. Também espero que compreenda que aquele homem louco e desnorteado que fui no passado morreu. Hoje eu sou um outro homem e espero, sinceramente, que, quando olhar para mim, depois de saber toda a verdade, você veja o homem novo que sou agora.

– Credo, Alfredo, quanto mistério! Diga de uma vez o que quer me dizer e acabe logo com essa agonia.

– Está bem. Não adianta mais mentir. Alucinado pelo álcool, eu cometi uma tremenda bobagem e, no final, acabei estragando minha vida e a de outras pessoas também. Não nego minha culpa; eu errei e pago pelos meus erros até hoje. Sou um homem atormentado por pesadelos e pelo remorso do que fiz. Não passa um só dia sem que minha consciência me acuse pelos meus crimes. Se no passado eu errei, no presente tento consertar meus erros, para amenizar os sofrimentos que causei. O amor cego e obsessivo que eu sentia me levou a cometer tais loucuras.

Extremamente emocionado, Alfredo colocou a mão no bolso da camisa, tirou uma correntinha com um pingente em forma de anjinho e colocou-os na mão de Maria Celeste.

– Espero sinceramente que um dia você possa me perdoar pelo que lhe fiz.

Dizendo isto, Alfredo levantou-se e se afastou da jovem. Encostado na parede, ficou observando sua reação. Curiosa, Maria Celeste olhou para o que tinha nas mãos e levou um susto. Jamais poderia imaginar o que estava ali.

– Minha correntinha! – disse ela, sorrindo emocionada. – Minha mãe me deu esse pingente em forma de anjinho quando eu nasci. Nunca o tirei do pescoço . Atrás do pingente está gravado meu apelido: "Céu". Mas não entendo... Eu o perdi faz muito tempo. Como ele foi parar em suas mãos?

Entre soluços, Alfredo lhe perguntou:

– Você não se lembra de como o perdeu?

– Como poderia me esquecer desse fato, se ele me assombra todos os dias de minha vida? Eu a perdi no dia em que... – Maria Celeste interrompeu a frase. Seus olhos se arregalaram e seu rosto ficou vermelho, parecendo prestes a explodir. De repente, seu cérebro começou a juntar todas as peças do quebra-cabeça que Alfredo tentava desesperadamente montar para ela. Num salto, colocou-se de pé. – Alfredo, me diga como conseguiu este pingente! Agora! – Como louca, ela correu até

ele e lhe agarrou pelo colarinho da camisa, enquanto gritava:
– Vamos, me diga! Foi minha mãe quem lhe contou que eu possuía um pingente igual a esse e o perdi e você conseguiu um igual para me agradar? Foi isso?

Alfredo, petrificado pelo terror e chorando muito, ficou mudo; não conseguia dar nenhuma resposta a Maria Celeste. Ela, alucinada, agarrou-o pelos ombros e começou a sacudi-los. Aos berros, perguntava:

– Onde você conseguiu esta correntinha? Diga-me! Fale! Onde? – Os belos olhos azuis da jovem se transformaram em uma fornalha incandescente. Muito vermelhos, chispavam fagulhas de um ódio que deixou Alfredo apavorado. O sonho chegara ao fim e se transformara em um terrível pesadelo. Sem ter como fugir daquela situação terrível, em que a jovem lhe apertava os ombros e gritava enlouquecida, Alfredo despejou num rompante:

– Eu a arranquei do seu pescoço naquele dia.

Maria Celeste soltou os ombros de Alfredo. Seu rosto ficou branco, parecendo de cera. Os sentidos foram sumindo, e o chão se abriu sob seus pés. As paredes começaram a girar, e ela desmaiou nos braços de Alfredo.

※

– Que história incrível, irmão José Ernesto – exclamou uma aluna. – O Alfredo é muito confuso em suas emoções. Ele mistura tudo. Muda de atitude e de comportamento o tempo todo. É impossível prever um padrão comportamental para ele.

– O ser humano é capaz de cada coisa... – completou Roberto.

– Não se esqueçam de que, na Terra, estamos sujeitos ao forte magnetismo do planeta; tudo é denso e forte; as emoções tornam-se desenfreadas, e tudo é intenso e exagerado. Frequentemente confunde-se obsessão com amor. É comum matar por amor e bater em quem se ama como forma de castigo.

Trata-se de uma mistura constante e explosiva de emoções sem controle – explicou José Ernesto.

– Realmente, irmão José Ernesto. Nós, que hoje estamos do lado de cá, sabemos muito bem o que é isso – disse Roberto.

– Pena que não saibamos de tudo isso quando estamos do lado de lá. Essas informações facilitariam muito nossa vida – acrescentou um aluno.

– Não seria mais fácil se, quando nascêssemos, já viéssemos com um manual de instruções explicando certinho o que teríamos que fazer? – perguntou José Ernesto.

– De fato, seria tudo bem mais fácil – concordou Roberto.

– Mas, nesse caso, onde entraria nosso esforço pessoal em nos melhorarmos e evoluirmos? Se já viéssemos com tudo pronto, não haveria necessidade de estarmos aqui.

Na sala, ninguém teve argumentos para rebater a colocação do palestrante.

– Continue a história, irmão José Ernesto – pediu o orientador Carlos, quebrando o silêncio que se formara na sala.

※

Alfredo ficou desesperado com o desmaio de Maria Celeste. Delicadamente, ele a tomou nos braços e deitou-a no sofá. Depois foi até a cozinha e trouxe um pano molhado, que começou a passar pelo rosto da jovem, enquanto chamava seu nome. Temia a reação dela quando acordasse, mas também não poderia deixá-la daquele jeito. Foram longos e apavorantes minutos de espera, até que enfim ela começou a despertar.

– Céu! Céu... Você está melhor? Está tudo bem? – perguntava ele, assustado.

Ela abriu os olhos e o encarou. Rapidamente, sentou-se no sofá e afastou as mãos de Alfredo. Seu rosto estava pálido, e seu estômago, embrulhado. A boca tinha um gosto amargo, como se ela tivesse ingerido veneno.

— Saia de perto de mim. Agora! — gritou ela com muito ódio.

— Céu, por favor, deixe-me explicar! — implorava ele, trêmulo.

— Não há nada para explicar. O que você fez não tem explicação, nem mesmo perdão.

— Por favor! — Alfredo pediu chorando. — Você prometeu me ouvir até o fim. Deixe-me explicar...

— Não quero mais ouvir sua voz nem suas explicações. Cale essa boca imunda e mentirosa! Quanto mais você tenta se explicar, pior fica. Vou embora e não quero nunca mais ver seu rosto de marginal ou ouvir sua voz de bandido — gritou ela, enquanto tentava se levantar do sofá.

— Não faça assim, meu amor. Por favor, me ouça! Deixe-me explicar...

— Maldita a hora em que você cruzou meu caminho, seu cretino, idiota, bandido e estuprador! — desabafou ela. — E não me chame de "meu amor", seu cretino. Eu odeio você! Odeio com todas as fibras do meu coração. E vou odiá-lo para sempre. Se existirem outras vidas, em todas elas eu vou odiar você!

— Não fale assim, por favor! Deixe-me explicar. Tenho certeza de que vai entender!

— Não vou ficar aqui nem mais um minuto! Sua presença me faz mal, me enoja. Tenho vontade de vomitar cada vez que olho para essa sua cara de mentiroso. Saia da minha frente!

Maria Celeste levantou-se de repente e foi andando rumo à porta. Queria desaparecer daquele lugar o mais rápido possível. Porém, Alfredo correu na sua frente, trancou a porta e retirou a chave.

— O que pensa que está fazendo? — gritou ela, assustada. — Abra esta porta agora, senão vou começar a gritar!

— Eu só quero conversar com você. Me ouça, por favor. Depois você pode ir embora — implorou ele.

— Não quero conversar com você. Abra esta porta! Agora, senão vou começar a gritar!

— Não vou abrir enquanto não escutar tudo o que tenho para lhe dizer.

Maria Celeste correu até a janela e começou a gritar:

– Socorro, socorro, me ajudem...

Alfredo correu até a janela, agarrou-a pelos ombros e tapou sua boca com a mão.

– Céu, por favor, eu só quero conversar com você. Me escute, por favor! – Enquanto ele falava, a moça se debatia para se livrar dele e fugir. – Prometa que vai ficar calma e que vai me ouvir, e eu solto você.

Porém, sem se dar por vencida, Maria Celeste esperneava e tentava a todo custo morder a mão de Alfredo. Depois de alguns minutos de muita confusão, sem conseguir seu objetivo, ela parou de espernear e ficou quieta.

– Você não vai gritar? – perguntou Alfredo.

Ela balançou a cabeça negativamente. Ele então tirou a mão da boca dela.

– Me solte! Nunca mais coloque suas mãos sujas em mim; tenho nojo de você. Será que não entendeu isso ainda? Eu odeio você, maldito!

Alfredo soltou-a. Ela caminhou até o sofá e jogou-se nele pesadamente.

– Fale de uma vez o que você quer de mim. Diga logo, para eu poder ir embora daqui. Sua companhia me enoja e me faz mal.

– Só quero que me ouça até o fim. Depois, pode fazer o que quiser comigo.

– Então, fale de uma vez por todas! – disse ela com impaciência.

– Naquele dia, eu estava embriagado e tinha acabado de ser despejado da pensão onde morava. Para piorar a situação, havia visto você na porta da faculdade abraçada com um rapaz. Fiquei morrendo de ciúmes. Desnorteado, fui para o bar e bebi ainda mais.

– O Rodolfo era apenas meu amigo, só isso.

– Mas eu não o vi assim; para mim, ele era meu rival e estava roubando você de mim.

– Mas como? Se eu nem sabia da sua existência...

– Esbarrei com você na porta da faculdade um dia; foi assim que a conheci. A partir daquele dia, eu me apaixonei por você.
– Eu não me lembro disso!
– Uma vez, apareci no hospital com o braço cortado, e você me atendeu. Falei que tinha me cortado no *box* do banheiro, mas na verdade eu mesmo me cortei, só para poder me aproximar de você.
– Meu Deus, você é louco!
– Eu queria você, queria ficar perto de você, queria que você me amasse.
– Então, por que nunca se aproximou de mim de forma normal e conversou comigo, como qualquer pessoa faria?
– Tinha muito medo e vergonha. Achei que você nunca fosse gostar de mim; tive medo de ser rejeitado. Então passei a amá-la em segredo. Eu a seguia, observava e idolatrava.
– Maluco! Você é doente!
– Naquele dia, eu estava muito bêbado e queria me matar. Ia me jogar na frente de um caminhão e acabar com tudo aquilo. Mas aí uma voz dentro de mim me dizia para não fazer isso, pois, se eu me matasse, deixaria o caminho livre para você ficar com o outro cara. Você era a culpada por tudo de ruim que estava acontecendo comigo. Você não me queria, havia me desprezado para ficar com outro. Então, se era a culpada de tudo, era você quem tinha de morrer. Se não fosse minha, não seria de mais ninguém. Desesperado, fui atrás de você para matá-la e me suicidar depois.
– Quanta loucura, meu Deus! Quero ir embora! – Maria Celeste levantou-se, pronta para partir.
– Nããããão! Por favor, me ouça até o fim! Preciso falar! – pediu ele, segurando o braço de Maria Celeste em um gesto desesperado.
Ela se assustou e sentou-se novamente.
– Tudo bem, mas tire a mão de mim. Não me toque, nunca mais!
Alfredo soltou-a e continuou falando:
– Fui até sua casa, me escondi e esperei até amanhecer. Quando você saiu para trabalhar, eu a segui até chegarmos

perto daquela construção. Minha intenção era matar você. Ia matá-la por amor!

– Que idiotice! Quem ama não mata. Amar é doar a vida pelo próximo, e não tirá-la. Nunca aprendeu isso? Você não sabe o que é amar de verdade; nunca amou ninguém realmente.

– Sei disso, mas naquele momento eu estava embriagado, fora do meu juízo perfeito. Quando eu a vi ali, chorando e tremendo de medo, não tive coragem de matá-la. Porém, um desejo incontrolável tomou conta de mim. Você tinha que ser minha de qualquer jeito. Eu tinha que possuí-la, nem que fosse uma única vez. O resto você já sabe...

– Sim, e luto todos os dias da minha vida para esquecer. Você não sabe o mal que me causou; não sabe o quanto eu sofro por sua causa. Meu sofrimento nunca vai ter fim.

– Minha vida também não foi um mar de rosas. Como você acha que eu vivi durante esses anos todos, sentindo-me culpado pelo que havia feito, assombrado por fantasmas do passado que me cobravam justiça? Minha consciência era o meu carrasco. Sofri muito, e sozinho. Você ainda tinha nosso filho para alegrar sua vida, mas eu não tinha nada, só a minha culpa.

– Nosso filho, não. Meu filho! – gritou ela, indignada. – Ele é meu filho, só meu. Você não tem direito algum sobre ele. Nunca mais se atreva a se aproximar dele; se fizer isso, eu chamo a polícia e mando prendê-lo. Não se esqueça de que ainda existe um processo aberto contra você, seu estuprador!

– Não fale assim comigo, por favor... Não vou discutir esse assunto com você agora, mas, querendo ou não, o menino também é meu filho, e isso você não pode mudar.

– Então vá lá e explique para ele como você se tornou pai. Vai ter coragem de olhar nos olhinhos inocentes de Afonso e lhe dizer que violentou sua mãe? Porque foi assim que você se tornou pai dele!

Alfredo sentou-se no sofá, colocou as mãos na cabeça e começou a chorar.

– Não pense que vou me comover com suas lágrimas de crocodilo – falou ela com ironia. – Já terminou sua historinha de pena de si mesmo? Cansou de bancar a vítima? Posso ir embora agora?

– Ainda não! Você precisa saber de tudo. Depois que fugi, enlouquecido de remorso pelo que havia feito a você e completamente transtornado, sentindo-me um monstro, desejei mais do que nunca me matar. Corri em direção à rodovia; não podia viver com aquela culpa me consumindo. Quando cheguei lá, vi que tinha uma coisa enroscada em minha mão; era sua correntinha. Aquilo me deixou mais louco ainda. Joguei-me na frente do primeiro caminhão que passou por ali.

– Nem para morrer você prestou, canalha!

– Não sei como sobrevivi ao atropelamento. Fiquei vários dias em coma no hospital. Minha mãe veio do interior e me levou de volta para casa.

– Que decepção não deve ter sido para sua mãe! Quanto desgosto você não deve ter lhe causado...

– Ela sofreu muito por minha causa.

– Você está sempre causando sofrimento às pessoas que o rodeiam. Você destrói tudo o que toca!

– Parece ser esta a minha sina: trazer infelicidade às pessoas que amo. Minha mãe me levou de volta, mas eu não queria mais viver. Fui internado no hospital da cidade. Os médicos me desenganaram; não sabiam mais o que fazer comigo. Foi quando minha mãe me transferiu para a Casa dos Aflitos, uma instituição espírita que ajuda pessoas doentes e desequilibradas. Lá eu fui me recuperando e voltando à vida.

– Você voltou do inferno só para me atormentar. Já não basta tudo o que me fez? O que mais você quer de mim?

– A vida me deu outra chance para consertar meus erros. Voltei a trabalhar e a estudar. Minha mãe e o dirigente da casa, o irmão Camilo, me apoiaram muito. Consegui me formar e passei a ajudar os outros, assim como um dia também fui ajudado. Quando apareceu a oportunidade de fazer esse curso, eu aceitei; era uma forma de poder ajudar na casa. Por ironia do destino, acabei conhecendo Afonso, mas jamais passou pela minha cabeça que aquele menino fosse meu filho.

– Ele não é seu filho! Não repita mais isso!

– Quando a reencontrei, quase enlouqueci. Mas percebi que você não me reconheceu, e descobri então uma chance de poder fazer você me enxergar com outros olhos. Queria que me conhecesse de verdade. Queria apagar de sua mente aqueles momentos horríveis que lhe proporcionei.

– Resumindo: você continuou me enganando. Uma vez mentiroso, sempre mentiroso!

– O que teria feito se eu chegasse para você e dissesse: "Olá! Tudo bem? Sou o cara que estuprou você. Muito prazer. Posso fazer parte da sua vida e da do seu filho?"?

– Cínico!

– Você teria se aproximado de mim se soubesse quem eu era?

– Claro que não. Teria sim era chamado a polícia. Você é um delinquente! Seu lugar é na cadeia, junto com outros da sua laia.

– Eu só queria uma chance de lhe mostrar que não sou aquele monstro que você pensava que eu era, só isso!

– Acabou? Posso ir agora? – disse ela, já se levantando e caminhando até a porta.

– Você não vai me perdoar, não é?

Ela parou perto da porta e falou com desprezo:

– Perdoar? Nunca! Você não merece nada de mim, nem mesmo compaixão. Cada minuto da minha vida, vou odiar você um pouco mais. Quero que você morra! Desta vez, de verdade. O inferno o espera, por tudo o que me fez. Quando estiver lá, aproveite e peça desculpas ao demônio. Quem sabe ele não possa perdoá-lo.

– Posso pelo menos lhe pedir um favor?

– Nada que venha de você me interessa.

– Só vou lhe pedir uma coisa: por favor, não conte nada disso ao nosso filho. Ele não merece saber de nada disso.

– Não se preocupe; meu filho nunca vai ficar sabendo dessa sujeira toda. De hoje em diante, você morreu para ele. – Maria Celeste lhe estendeu a mão aberta, e Alfredo entregou-lhe a chave. Ela a pegou, abriu a porta e foi embora...

Quando Maria Celeste chegou ao carro, partiu dali desesperadamente. Queria sumir do planeta Terra naquele momento. Chegou em casa transtornada, batendo o portão e entrando em casa feito um furacão. Chorando muito, foi direto para o quarto; não queria que ninguém a visse naquele estado lamentável. Fugia principalmente de Afonso, pois não sabia como enfrentar o garoto naquele momento; tinha medo de dizer alguma bobagem a ele, devido ao seu estado emocional abalado.

Ela não abriu a porta do quarto quando a chamaram; disse que estava com dor de cabeça e que queria ficar sozinha. Todos estranharam aquele comportamento por parte da moça, mas resolveram respeitar seu pedido.

No outro dia pela manhã, ela se levantou bem cedo e saiu para trabalhar sem que ninguém percebesse. Sua noite havia sido péssima. Tinha chorado muito e não conseguira dormir. Sua dor era imensa; estava revivendo todos aqueles acontecimentos do passado. Sua cabeça doía, o corpo tremia, e sua vontade de viver havia desaparecido. Era apenas uma sombra da mulher que sempre fora.

Pobre moça! Quanto sofrimento! Justamente quando achava que já havia deixado o passado para trás, ele voltava com toda a força para assombrá-la novamente.

Como seus olhos estavam inchados, passou o dia de óculos escuros. Seu estômago doía, então não comeu nada. Também ignorou as ligações que a família, aflita, fazia-lhe, querendo notícias suas.

De tarde, voltou para casa cansada, triste e abatida. Só que, desta vez, não conseguiu evitar o contato com a família. Afonso a aguardava na sala e, todo animado, correu em sua direção, abraçando-a enquanto lhe dizia:

– Mamãe, que bom que chegou! Estava esperando você! Me leva para ver o Alfredo? Estou com saudades dele.

Maria Celeste sentiu o corpo estremecer ao ouvir seu filho pronunciar aquele nome. Empurrou Afonso e, descontrolada, começou a gritar:

– Nunca mais repita esse nome na minha frente! Você está proibido de encontrar aquele homem novamente, entendeu? Proibido!

– Mas mãe...

– Nada de "mas mãe"! Nunca mais, ouviu? E não me faça repetir isso! Chega! Acabou! Acabou! – Maria Celeste gritava feito louca.

Afonso começou a chorar. Seus pais apareceram, assustados, sem conseguir compreender o que havia acontecido com a filha. A moça estava completamente descontrolada.

Dona Isabel abraçava o neto, que, assustado, não parava de chorar. Seu Afonso pegou a filha pela mão e a levou para o quarto. Maria Celeste só fazia chorar. Jogada na cama, chorava muito, sem controle. Seu pai fez de tudo para acalmá-la, mas sem sucesso. Ela só dizia que queria ficar sozinha. Seu pai atendeu ao pedido; saiu e deixou-a aos prantos na cama. Quando voltou para a sala, o neto correu até ele, preocupado:

– Vovô, o que está acontecendo com a mamãe? Ela está doente?

– Meu querido, não sei o que aconteceu com sua mãe, mas lhe prometo que, quando ela se acalmar, eu vou descobrir. Por enquanto, o melhor a fazer é deixá-la sozinha. Ela precisa ficar mais calma. Mais tarde eu vou falar com ela, não se preocupe.

– Mas, vovô, eu nunca vi a mamãe daquele jeito. Ela parecia um bicho feroz!

– Me diga uma coisa, meu filho: o que você fez para que ela ficasse daquele jeito?

– Nada, vovô! Apenas pedi que me levasse para ver o Alfredo, só isso.

– Tudo bem, meu filho. Não foi culpa sua. Não se preocupe; logo sua mãe estará melhor. Agora, vá para o seu quarto brincar um pouco. Quando ela melhorar, eu chamo você.

Sem entender nada, o menino foi para o quarto todo choroso. O avô logo suspeitou de que algo muito ruim havia acontecido entre a filha e Alfredo.

Sua esposa percebeu seu ar de preocupação e comentou:

– Não falei que aquele homem era perigoso para nossa filha? Alguma coisa ele aprontou para ela ficar assim. Não devíamos ter deixado ele se aproximar da nossa família. E agora, o que vamos fazer?

– Não se preocupe, Isabel. Vou descobrir o que está acontecendo. Não deixe que ela saia de casa enquanto eu não voltar.

– Aonde você vai, homem de Deus? – perguntou Isabel, aflita.

– Atrás de respostas!

– Tome cuidado, meu velho. Aquele homem pode ser perigoso!

Seu Afonso pegou o carro e saiu. Sabia exatamente aonde deveria ir para saber o que havia acontecido com sua filha. Tudo o que queria naquele momento eram respostas.

Alfredo estava desolado. Depois que Maria Celeste havia partido, ficara sem saber o que fazer. Seu primeiro pensamento tinha sido ir atrás dela, mas resolvera esperar até que se acalmasse. Era melhor aguardar até o dia seguinte para procurá-la.

Quando amanheceu, depois de uma noite inteira sem dormir, pensou em arrumar sua mala e ir embora para casa. Mas, se fugisse novamente, estaria sendo um covarde outra vez. Abatido e sem ânimo para nada, jogou-se na cama e chorou. Chorou muito, lembrando-se que mais uma vez havia perdido a chance que a vida lhe dera de ficar com as pessoas que ele amava.

Agoniado, Alfredo se arrependeu de ter contado a verdade para Maria Celeste. Se tivesse se calado, nada daquilo estaria acontecendo. Idiota! Por que não havia ficado de boca fechada?

Seu dia foi horrível; quando não estava chorando, jogado na cama, estava andando de um lado para o outro no quarto, sem saber o que fazer.

Alfredo estava perdido em seus pensamentos e remorsos quando escutou batidas pesadas e insistentes à sua porta. Por um instante, ficou feliz; pensou que Maria Celeste o havia perdoado e estava de volta.

Correu para a porta e abriu-a bruscamente, porém, seu sorriso desapareceu do rosto ao se deparar com o pai da moça parado ali, de cara amarrada.

– Posso entrar? – perguntou seu Afonso, enquanto empurrava Alfredo para o lado e entrava.

– Claro, entre – respondeu Alfredo, já percebendo que algo de muito ruim estava para acontecer. – Sente-se, por favor.

– Não há necessidade, meu rapaz. Minha visita não é social – falou seu Afonso, o tom de voz ainda seco.

Alfredo percebeu a gravidade da situação e preparou-se para o pior. Ou iria apanhar muito, ou iria para a cadeia. Resignado com seu triste destino, disse logo ao senhor enfurecido:

– Pois não, estou ao seu inteiro dispor. Pode falar. O que o trouxe aqui a esta hora?

– Olhe, meu jovem, o assunto é muito sério, por isso vamos direto a ele. O que você fez para a minha filha?

Alfredo recebeu aquela pergunta como um soco no estômago. Sua boca secou, e a garganta parecia ter se fechado. Não conseguia articular palavra alguma.

Afonso, percebendo o mal-estar de Alfredo, teve suas dúvidas esclarecidas. Alguma coisa de muito ruim havia acontecido, e ele precisava saber o que era.

– Vamos, rapaz, desembuche logo. O que fez para minha filha? – insistiu o velho senhor, ainda mais enfurecido.

Alfredo fez um tremendo esforço para conseguir responder àquela pergunta. Que tipo de resposta poderia dar? Como lhe explicar o que havia feito à sua filha? Não sabia como proceder, então, desesperado, resolveu respirar fundo e despejar toda a verdade de uma vez, assim acabaria com sua angústia. Se fosse para apanhar, que fosse logo, afinal, merecia isso, e muito mais. Ele era um canalha mesmo. Que fosse castigado então pelos seus crimes.

Bruscamente e sem maiores explicações, Alfredo simplesmente despejou a verdade para aquele pai aflito, que buscava socorro para a filha angustiada:

— Senhor, com todo o respeito que lhe devo, não posso mais enganá-lo. Sou o responsável por todo o sofrimento de sua filha durante estes últimos anos. Eu sou o canalha que violentou Maria Celeste.

Afonso deu um passo para trás e segurou-se em uma cadeira para não cair. Sua cabeça girava, enquanto ele tentava digerir o que acabava de ouvir.

— Você? — conseguiu balbuciar por fim. — Foi você quem machucou minha filha? Seu monstro! Como pôde fazer uma barbaridade dessas com minha filhinha?

Alfredo, sem respostas, apenas baixou a cabeça.

Tomado por uma fúria incontrolável, que vinha contendo em seu coração durante todos aqueles anos de sofrimento, Afonso partiu para cima de Alfredo e começou a esmurrá-lo.

O homem batia com todas as suas forças, e Alfredo nada fazia para se defender; apenas se deixou ser espancado.

Após alguns minutos de total selvageria, Afonso abandonou o corpo desacordado de Alfredo no chão gelado do quarto. Suas mãos doíam, mas ele estava feliz; enfim fizera justiça para sua filha. Maria Celeste estava vingada.

Aliviado, Afonso foi embora com o senso de dever cumprido. Ele era contra a violência, mas que aquele canalha merecera a surra que levara, merecera!

✦

Afonso chegou em casa e foi direto conversar com a filha. No quarto, Maria Celeste estava na mesma posição de quando ele havia saído. Carinhosamente, passou a mão pelos cabelos dela, dizendo-lhe:

— Filha, eu já sei de tudo.

Como se tivesse sido impulsionada por
uma mola invisível, Maria Celeste sentou-se na cama e encarou o pai.

— De tudo o que, pai?

– Está tudo bem! Já sei de toda a verdade sobre aquele homem. Está tudo resolvido.

Assustada com aquela resposta, Maria Celeste arregalou os olhos e perguntou:

– Pai, o que o senhor fez?

– Nada de mais, minha filha, só lhe dei o que ele merecia – respondeu o velho calmamente.

– O senhor não o matou, não é? – perguntou ela assustada.

– Não, minha filha, claro que não. Apenas lhe apliquei o corretivo que merecia. Dei-lhe uma boa surra que o deixou jogado no chão, desacordado.

– Papai? Como o senhor foi capaz de uma coisa dessas?

– E por que não? Ele não fez coisa pior com você? – exaltou-se Afonso.

Maria Celeste baixou a cabeça e perguntou:

– E agora, pai? O que vai acontecer?

– Temos que encontrar uma maneira de contar a verdade para o garoto; ele não merece sofrer, mas também não merece viver nessa ilusão.

– O menino gosta dele, pai, e é isso o que mais me apavora. E se ele quiser pedir a guarda de Afonso? Afinal, ele é pai dele! – disse a jovem aos prantos.

– Sossegue, minha filha. Ele não teria essa coragem; é um covarde. Depois, há um processo aberto contra ele. Se eu o denunciar, ele vai para a cadeia.

– Não, pai, isso não! Acho que não precisamos chegar a esse ponto; isso só nos traria mais sofrimentos e humilhações.

– Fique tranquila, minha filha. Depois da surra que ele levou hoje, não vai ter coragem de voltar a nos incomodar novamente. Agora, descanse. Vou falar com o menino.

– Cuidado com o que diz, pai. Ele pode ficar revoltado, e eu não quero que meu filho sofra.

– Pode deixar.

Afonso se levantou e foi em busca do neto. Sua missão não era nada fácil. Como explicar uma sujeira tão grande a uma criança inocente?

O garoto estava no quarto brincando. Quando viu o avô, correu ao seu encontro.

– E então, vovô? Como está a mamãe?

– Ela está bem, meu filho. Está se recuperando. Logo estará boa novamente.

– Que bom, vovô. Estava muito preocupado com ela.

O velho, comovido, passou a mão sobre a cabeça do neto e, suspirando fundo, iniciou a conversa mais triste de sua vida:

– Sabe, meu neto, hoje eu tenho uma difícil missão: a de explicar a você o que deixou sua mãe naquele estado lamentável. E saiba você que essa nossa conversa não será nada fácil.

– Tudo bem, vovô. Eu aguento a parada, afinal, já sou um homem. Eu tenho sete anos! – disse o menino, orgulhoso de sua idade.

– Você está certo; meu neto já é um homem – falou seu Afonso com um sorriso amargo no rosto. – Então, vamos conversar de homem para homem.

– Vovô, a mamãe está assim por causa do Alfredo, não é? O que ele fez para a mamãe ficar assim?

– Você é bem mais esperto do que eu pensei, filho. Tem razão. Sua mãe está assim por causa daquele homem. Isso você já sabe. O difícil agora é explicar o resto.

– Pode dizer, vovô, eu confio no senhor.

– Sabe, meu neto, antes mesmo de você nascer, sua mãe já conhecia aquele homem. Ela apenas se esqueceu dele durante um tempo, por isso não o reconheceu quando o reencontrou naquele parque. Muita coisa havia acontecido, e sua mãe já estava liberta do passado, quando ele voltou para assombrá-la. Vou lhe contar um segredo, meu neto: aquele homem é seu pai – confessou Afonso com um gosto amargo na boca.

– Puxa vida! Eu sempre soube que tinha alguma coisa errada nessa história que vocês estavam escondendo de mim. Eu gosto muito dele, vovô, e não sabia por quê. Agora eu sei; é porque ele é meu pai. Isso não é legal?

Os olhos de Afonso se encheram de lágrimas, pois teria que destruir os sonhos de felicidade de seu neto ao lado do pai que ele tanto havia desejado.

– Infelizmente, meu neto, as coisas não são tão simples assim.

– Como assim, vovô? Ele não é meu pai? Não vamos morar todos juntos?

– Não, meu neto, nosso futuro não será assim tão belo.

– Por que, vovô?

– Quando sua mãe conheceu seu pai, ela não gostava dele; eles não eram namorados. Mesmo assim, seu pai forçou sua mãe a fazer uma coisa que ela não queria. Por isso você nasceu. Está me entendendo, meu neto? – O velho não aguentou a pressão e começou a chorar descontroladamente.

O menino abraçou o avô e passou a consolá-lo:

– Tudo bem, vovô, pode chorar! Eu sei que homem não chora, mas às vezes é preciso, não é?

– Isso mesmo, meu neto, às vezes é preciso...

Afonso ficou abraçado ao neto por alguns minutos, enquanto tentava se controlar. Depois de um tempinho, já mais calmo, reiniciou a conversa:

– Querido, não sei se estou me fazendo entender, mas não tenho muita certeza de como lhe explicar essa situação. Seu pai fez mal para sua mãe, por isso você nasceu, e é por isso que sua mãe ficou daquele jeito quando descobriu que aquele homem era seu pai. Está me entendendo? – O velho senhor fitava o neto com um olhar de súplica. Será que o menino compreendia a gravidade da situação?

O menino ficou triste; seu semblante se fechou e sua felicidade desapareceu. Por um breve momento, o velho julgou que se fizera entender pelo neto.

– Vovô – perguntou o menino –, então meu pai não é um cara legal, não é? Ele machucou a mamãe?

– Isso mesmo, meu neto. Foi isso que aconteceu. Por isso sua mãe está sofrendo tanto. Ela teme por você!

– Não se preocupe, vovô, eu já entendi tudo. Meu pai é ruim e deve ficar longe de nós. Tudo bem, eu já vivi sem um pai até agora, então, acho que não vou mais precisar de um – falou o garoto com a voz triste.

Afonso abraçou o neto com carinho.

– Obrigado, meu neto, por ser tão compreensivo, e me desculpe por destruir seus sonhos infantis.

– Tudo bem, vovô, você não tem culpa. Agora, se o senhor me der licença, vou conversar com a mamãe – falou o menino, enquanto saía do quarto e deixava para trás o avô com uma expressão de surpresa no rosto.

O menino foi até ao quarto, onde a mãe ainda se encontrava chorando. Quando o viu entrar, Maria Celeste se levantou e foi ao encontro do filho. Abraçando-o com carinho, falou:

– Desculpe, filho! Estava muito nervosa e acabei descontando minha raiva em você. Você me perdoa? – pediu ela com sinceridade.

– Não tem problema, mãe, o vovô já me contou tudo. Está tudo bem!

A jovem afastou o filho de seus braços delicadamente e o olhou nos olhos. Seu rostinho estava triste, porém, tinha um sorriso de conforto ao encarar a mãe.

– Meu filho, o que seu avô lhe contou?

– A verdade, mãe! Que Alfredo é meu pai, mas que ele lhe fez mal, por isso não pode ficar morando conosco.

Maria Celeste abraçou o filho, comovida com sua bondade e inocência infantil. Ali se deixou ficar, até que as lágrimas lavassem todos os seus sofrimentos.

Alfredo abriu os olhos e se viu estendido no chão, todo machucado. Tentou se levantar, mas não conseguiu; todo o seu corpo doía. Quanto tempo ficou ali, não lembrava. A última coisa da qual se recordava era de Afonso lhe esmurrando o rosto.

Sem forças para ficar de pé, deixou-se ficar ali, estendido, enquanto pensava na vida e em que rumo seguiria a partir daquele momento.

Alfredo sentiu-se cansado, mas seu cansaço era mais espiritual do que físico. Ao longe, parecia ouvir batidas à porta, mas não conseguia responder.

Mais um tempo se passou, e ele pareceu ver pessoas ao redor. Algumas conversavam com ele, outras lhe cutucavam o corpo, mas ele não entendia o que estava acontecendo.

Seus olhos se fecharam e ele dormiu. Por quanto tempo, não soube dizer. Talvez tudo aquilo fosse um sonho ruim ou um pesadelo, quem sabe? Talvez nada daquilo estivesse mesmo acontecendo e ele ainda estivesse em casa, ao lado da mãe, trabalhando na clínica de recuperação.

Alfredo acordou novamente e estranhou o local onde estava. Para sua surpresa, não estava mais em seu quarto. Agora encontrava-se em outro bem diferente, cercado por aparelhos estranhos, que faziam um ruído irritante.

Uma mulher de branco se aproximou dele e sorriu. Alfredo tentou sorrir também, mas não conseguiu; seu rosto doía muito.

A mulher checava os aparelhos ao redor, mas nada dizia. Àquela altura, Alfredo começou a ficar preocupado. Será que havia apanhado tanto a ponto de desencarnar? Reunindo todas as forças que lhe restavam, conseguiu formular uma pergunta para a mulher que estava a seu lado:

– Eu morri?

A mulher sorriu e lhe respondeu calmamente:

– Não senhor; o senhor não morreu. Pelo menos, ainda não – brincou ela.

– Onde estou?

– O senhor está em um hospital.

– O que aconteceu comigo?

– O senhor foi encontrado em seu quarto desmaiado. Ao que parece, foi espancado com muita violência. Seu rosto está cheio de hematomas, seu nariz está quebrado, e o senhor perdeu um dente.

Alfredo levou a mão ao rosto, percebendo que estava enfaixado e muito dolorido.

– Há quanto tempo estou aqui?

– O senhor dormiu por três dias. Estava muito debilitado. O senhor se lembra do que aconteceu? – perguntou a enfermeira com curiosidade.

Alfredo pensou um pouco e respondeu:
— Não. Não me lembro de nada — mentiu ele.
— Que pena! Parece que quem bateu no senhor vai ficar impune desse crime — falou a enfermeira enquanto saía do quarto.

Novamente sozinho, Alfredo começou a se lembrar com detalhes do que havia acontecido. Recordava-se perfeitamente de cada pancada que seu corpo recebera do pai de Maria Celeste. Intimamente, julgava-se merecedor de cada soco que levara.

Alfredo foi visitado pela polícia, visita esta que o deixou bastante desconfortável, pois desejavam esclarecimentos sobre o fato ocorrido. Tinham aberto um processo para investigar e descobrir o autor de tamanha selvageria. Porém, Alfredo decidiu ficar calado quanto à verdade, e sempre repetia para os policiais que não se lembrava de nada do que acontecera.

Mesmo sem a ajuda da vítima, os policiais prometeram investigar o caso, até encontrarem o criminoso.

Uma semana depois de ser hospitalizado, Alfredo recebeu alta e voltou para o quarto do hotel. Esperou mais alguns dias, até se recuperar totalmente, para poder viajar. Queria voltar para casa e esquecer tudo aquilo o mais rápido possível.

Antes, porém, queria rever Céu e seu filho pela última vez, mesmo que fosse de longe. Depois da surra que levara, sabia ser impossível receber o perdão da mulher amada, mas um último adeus talvez confortasse seu coração oprimido.

Discretamente, Alfredo ficou posicionado na frente da casa de Maria Celeste, de onde pôde ver quando ela e o filho saíram cedo de casa.

Ao vê-los, seu coração se encheu de esperanças. Quem sabe Céu não o havia perdoado? Resolveu então segui-los de longe, sem que fosse visto pelos dois. Observou quando Céu deixou o filho na escola. Continuou seguindo-a, pois sabia que ela iria para o hospital.

Para tentar forçar um encontro com ela, Alfredo correu pela rua oposta e chegou primeiro ao hospital. Ficou parado na entrada, de onde ela seria forçada a vê-lo quando chegasse.

Ao vê-la se aproximar, seu coração disparou. Ela estava mais linda do que nunca. A esperança batia forte dentro de seu peito. Aos poucos, ela foi se aproximando dele, sem se dar conta disso.

Qual não foi seu susto quando, ao subir as escadas do hospital, deparou-se com Alfredo esperando por ela no último degrau.

Ela estacou no meio da escada. Seu coração disparou, e as pernas bambearam. Estaria tendo uma alucinação ou ele estava mesmo ali?

Maria Celeste o encarou e se assustou com o que viu. O rosto dele estava muito machucado; seu pai não havia economizado no corretivo que aplicara.

Por um breve instante, teve pena dele. Mas, logo em seguida, lembrou-se do estupro, e toda a piedade se transformou em ódio.

Fechando o semblante em uma carranca, Maria Celeste passou por ele feito um vendaval, não lhe dando a mínima atenção. Tudo o que Alfredo pôde obter dela foi sentir seu perfume inebriante quando ela passou.

Realmente, não havia nenhuma chance de serem felizes. O sonho havia acabado. Não lhe restava outra coisa a fazer senão voltar para casa.

No outro dia, Alfredo pegou suas coisas e voltou para casa. Foi embora triste e amargurado, sem ter conseguido sequer se despedir do filho. Quando chegou em casa, foi recebido alegremente por dona Mônica, saudosa do filho querido. Sua mãe se assustou ao ver o rosto dele todo machucado. Mais uma vez Alfredo mentiu, dizendo que havia sido atropelado na sua última semana na capital, mas que já tinha se recuperado e estava tudo bem. Dona Mônica esperava Alfredo com um delicioso jantar, do qual Camilo fez parte.

Após terminarem a refeição, Alfredo contou para a mãe tudo o que lhe acontecera na capital. Pelo menos, a maior parte do que acontecera, pois havia omitido a surra que levara do pai da moça.

Dona Mônica ficou chocada com o que ouviu.

– Quer dizer, meu filho, que você acabou se encontrando com ela?

– Sim, mãe, foi o que aconteceu.

– A irmã não ficou feliz em saber que tem um neto?

– Fiquei sim, irmão Camilo, mas fiquei triste também, por saber que nunca vou conhecer esse menino.

– Ora, irmã, não se martirize pelo que *não* aconteceu. O futuro pertence a Deus, e não sabemos o que pode acontecer amanhã.

– O irmão acha que um dia vou conhecer meu neto?

– Não vamos perder as esperanças, irmã. Vamos orar para que nossa irmã Maria Celeste pratique a virtude do perdão.

– Acho impossível ela me perdoar, irmão. Ela foi categórica quando disse que me odiava. Pude ver o ódio em seus olhos azuis.

– Calma, Alfredo, tudo a seu tempo. Você também não precisou de tempo para se recuperar? Pois bem, ela também vai precisar. Não se esqueça de que Maria Celeste levou um tremendo choque ao descobrir que o homem que ela amava também era aquele a quem mais odiava. Vamos lhe dar um tempo para poder digerir essa ideia.

– Depois de tudo o que ouvi de sua boca, só se for um milagre divino.

– Pois não perca as esperanças, meu filho; milagres acontecem todos os dias – disse Camilo, dando uma piscadinha para dona Mônica.

– Como assim, irmão?

– Ora, minha irmã, só o fato de acordarmos todas as manhãs já é um milagre divino.

Os dias foram passando lentamente, e Alfredo nunca mais teve notícias de Maria Celeste ou de seu filho. Sentia muitas saudades do menino e chorava escondido da mãe e de Camilo nessas ocasiões. A vida de Alfredo estava fria e vazia.

Uma tarde, depois que ele terminou seu trabalho, foi até Camilo.

– O irmão me chamou?

– Chamei sim, meu filho. Alfredo, vou fazer uma viagem rápida e queria que você tomasse conta da casa para mim.

– O senhor vai viajar, é? Para onde?

– Vou ter que resolver uns problemas familiares, mas é coisa rápida. Até o fim da semana estarei de volta. Posso contar com você?

– Claro, irmão, deixe por minha conta. Eu não sou tão brilhante quanto o senhor, mas lhe garanto que pelo menos as paredes estarão de pé quando voltar – brincou Alfredo.

– É bom saber que seu senso de humor está voltando. Não aguento mais ver você chorando e emburrado pelos cantos.

– Chorando? Mas quem está chorando aqui?

– Você! Parece até um bezerro desmamado. Não precisa disfarçar não; sei que você chora escondido, e com frequência.

– Mas, se choro escondido, como o senhor sabe que choro?

– Eu tenho meus segredinhos – brincou Camilo.

– Ah, pra mim isso é bruxaria – Alfredo riu da brincadeira.

No outro dia de manhã, Camilo partia para a capital, disposto a pôr um ponto-final naquela história triste. Um novo capítulo repleto de alegrias deveria ser escrito, e estava disposto a ser seu autor.

Maria Celeste não era mais a mesma mulher de antes. Por mais que tentasse, não conseguia apagar a imagem de Alfredo de sua cabeça. Tentava de todas as formas, porém, sufocar qualquer sinal de simpatia que viesse a sentir por ele. A única coisa que desejava sentir era ódio, nada mais.

Sentia-se traída e usada por Alfredo; ele não tinha o direito de ter feito com ela o que fizera. Havia destruído todo o amor que existia em seu coração. Agora, jamais seria capaz de amar, apenas de odiar. Todas as noites, chorava sozinha no quarto, relembrando os poucos momentos de felicidade que tivera ao lado dele, para logo em seguida amaldiçoá-lo pelo sofrimento que tinha lhe causado.

Maria Celeste havia jurado para si mesma que nunca mais amaria ninguém. Seu coração estava fechado para o amor; decididamente, não nascera para ser feliz. Tudo o que queria era apagar completamente da mente o que havia acontecido. Quem sabe assim teria paz. Só desejava um pouco de sossego em sua triste vida.

Naquela manhã, havia acordado especialmente triste. Durante a noite, tinha sonhado com Alfredo. Em seu sonho, os dois estavam juntos e felizes, fazendo promessas de amor eterno um para o outro. Ao acordar, porém, seu entusiasmo se transformou em mágoa, e a tristeza aumentou.

Seu pai havia combinado um passeio em família para distrair o neto, que andava meio tristonho. Ela, contudo, como se sentia sem ânimo para nada, preferiu ficar em casa sozinha, para ver se descansava um pouco em seu dia de folga. Estava deitada no sofá quando a campainha tocou.

– Com certeza, hoje vou ter um daqueles dias horríveis! – disse a si mesma enquanto atendia à porta.

Deparou-se então com um sorridente senhor parado ali.

– Pois não? Em que posso ajudá-lo?

– Desculpe-me a franqueza, minha jovem, mas, na verdade, sou eu quem vai ajudá-la – respondeu o homem com um sorriso cativante nos lábios.

– Desculpe, senhor, mas não entendo o que está dizendo. Na verdade, nem o conheço!

– Meu nome é Camilo, e estou aqui para conversarmos sobre você e o Alfredo.

– O quê? – gritou Maria Celeste, arregalando os olhos. – Foi aquele sem-vergonha que mandou o senhor aqui?

— Não, minha filha. Ele sequer sabe que estou aqui.

— Se o senhor veio interceder por ele, desista; não há nada que o senhor possa dizer que me faça mudar minha opinião sobre ele. Canalha!

— Não é essa minha intenção. Quero apenas conversar com você, só isso.

— Desculpe, mas não tenho nada para conversar com o senhor. Se era só isso...

— Não precisa conversar comigo, apenas me ouvir. Peço a você só um pouco de sua atenção. Prometo que não vai se arrepender. Posso entrar?

Maria Celeste não queria mais ouvir falar em Alfredo, nem se fosse para ganhar um pote de ouro, mas aquele homem era tão simpático; tinha um ar tão encantador, que ela não conseguiu resistir a seu poder de persuasão e acabou cedendo:

— Está bem. Se o senhor insiste, entre. Mas desde já vou avisando: nada que o senhor disser mudará a opinião que tenho daquele homem asqueroso.

— Pode ficar tranquila, minha filha, não é essa a minha intenção.

Maria Celeste conduziu Camilo até a sala. Ele olhava para a jovem com ar paternal; ela era muito bonita e tinha olhos azuis encantadores. Agora entendia por que Alfredo havia enlouquecido de amores por ela.

— Muito bem, minha filha, eu vim até aqui para conversar com você e ver se, juntos, conseguimos resolver esta situação tão complicada.

— Já disse que o senhor não vai mudar o que penso do Alfredo. Para mim, ele morreu!

— Também já lhe disse que não é essa minha intenção. O que vim lhe dizer é muito simples e não tem mistério. Minha filha, responda-me com franqueza: você é feliz?

— Que pergunta é essa? — indagou a jovem, assustada.

— Maria Celeste, para podermos resolver esta questão, será preciso que você seja o mais honesta possível. Só estou aqui para ajudar, mas preciso que seja sincera comigo. Apenas responda à minha pergunta: você é feliz?

– Se é só isso que o senhor quer saber, não, eu não sou feliz. E também não teria como ser, depois de tudo o que aconteceu.

– Você era feliz antes de reencontrar Alfredo?

– Sim, eu era feliz antes de aquele homem horrível estragar minha vida.

– Plenamente feliz?

– Acho que não tem como sermos plenamente felizes neste mundo.

– Pelo que entendo, então, sua felicidade não era completa.

– Isso mesmo.

– E antes de você ter aquele encontro macabro com Alfredo, você era feliz?

– Sinceramente, não vejo aonde o senhor quer chegar. Mas, se isso lhe agrada, também não era plenamente feliz. Satisfeito?

– Agora me responda com sinceridade: enquanto estava convivendo com Alfredo e seu filho, nestes últimos meses, você estava feliz?

– Certo! Agora entendo aonde o senhor quer chegar. Sim, eu estava feliz, só que essa felicidade era construída em cima de uma mentira.

– Se ele tivesse chegado para você e confessado a verdade, você teria aceitado que ele convivesse com você, seu filho e sua família?

– Claro que não!

– Então, creio que você não lhe deixou nenhuma outra escolha, não é?

– Na verdade, ainda não entendi como tudo aconteceu. Foi tão rápido e inexplicável!

– O que aconteceu foi simples: vocês foram feitos um para o outro. Desde o início, era para vocês ficarem juntos, mas Alfredo, quando a viu, ficou com medo de se aproximar e preferiu amá-la em silêncio. Quando esse amor ficou grande demais para suportar sozinho, ele fez a besteira que fez.

– Não estou entendendo. Como o senhor pode ter certeza disso?

— O que aconteceu quando vocês se encontraram? Ficaram juntos e foram felizes. Não foi assim que aconteceu?

— Sim, mas ele mentiu para mim.

— E, quando você descobriu a verdade, o que mudou na sua vida? Nada! Tudo continuou como antes, apenas você soube da verdade. Só isso!

— Desculpe-me, mas o senhor está sendo muito simplista em sua explicação. O fato de Alfredo ter me usado e mentido para mim não conta?

— Por que ele a usou e mentiu para você? Foi para fazê-la sofrer? Não! Foi para fazê-la feliz. Ele tentou consertar o erro que cometeu no passado e, ao que parece, conseguiu, pois, enquanto vocês estavam juntos, eram felizes.

— Mas não se pode construir uma vida em cima de mentiras!

— Por isso ele lhe contou a verdade, verdade esta que você não aceitou e, depois, mandou-o embora.

— O senhor está distorcendo os fatos e me culpando pelo que aconteceu, quando na verdade o grande culpado de tudo isso foi ele.

— Vamos analisar o que aconteceu passo a passo. Ele provocou uma grande tragédia em sua vida; disso ele é culpado, e nunca negou. Porém, essa tragédia gerou um fruto: vocês tiveram um filho. Se não o quisesse, poderia ter feito um aborto, mas você o aceitou, e hoje ele é seu tesouro. Mas, lembre-se, você não o fez sozinha; para isso, precisou da ajuda de Alfredo, então ele também é responsável pela vida da pessoa que você mais ama neste mundo.

— Mas eu paguei um preço muito caro para poder ter esse filho e criá-lo sozinha.

— Você sofreu naquele momento; Alfredo sofre até hoje. Aquele ato insano de Alfredo gerou um filho que você ama e que a faz feliz; para ele, no entanto, gerou anos de culpa e remorso. Enquanto você convive diariamente com seu filho, ele convive todos os dias com o peso de sua consciência.

— Isso é o senhor quem está dizendo!

– Que fique bem claro que, em hipótese alguma, eu aprovo o que ele fez. Naquele mesmo dia, ele tentou o suicídio para se livrar da culpa. Durante todos esses anos, não se passou um só dia em que ele não se arrependa do que lhe fez.

– Como o senhor pode afirmar isso?

– Quando Alfredo chegou até mim, anos atrás, ele era um amontoado de ossos em cima de uma cama. Não reagia a nada; queria apenas morrer. Foi com muito esforço que ele voltou à vida, vida essa que, para ele, não tinha mais sentido, pois você não estava ao lado dele. Depois de anos de luta, Alfredo conseguiu se reerguer, mas o remorso ainda o acompanhava. Quando apareceu a oportunidade de vir para cá fazer um curso, consegui enxergar a oportunidade que faltava para os dois serem felizes.

– O senhor está inventando tudo isso. Como poderia ter certeza de que íamos nos reencontrar depois de tanto tempo, em uma cidade tão grande como esta?

– Simples: o amor é o sentimento mais forte que existe. O amor de vocês era tão verdadeiro, que vocês acabariam se atraindo mutuamente. Era uma questão de tempo, e a vida se encarregaria de uni-los de novo, para que desta vez acontecesse o que deveria ter acontecido antes: a união de vocês através do amor.

– O senhor só pode estar brincando. O senhor realmente acredita no que está me dizendo?

– Minha filha, tudo é tão óbvio! Por que a vida teria todo esse trabalho de lhes dar uma segunda chance e uni-los novamente, se não fosse para ficarem juntos? Como você explica a atração que um sentiu pelo outro quando se reencontraram no parque? Quando seu filho ficou doente, se Alfredo não estivesse ao seu lado, o que teria acontecido com o menino? Isso foi só coincidência? Ou foi a vida colocando cada coisa no devido lugar?

– Quando o senhor fala "a vida", a quem realmente está se referindo?

– A Deus e ao mundo espiritual, que nos ajudam constantemente em nossa vida terrena.

– Ah, o senhor é espírita, não é?

– Sim, sou. Algum problema?

– O senhor me desculpe, mas não acredito nessas coisas.

– Tudo bem, é um direito seu; mas o fato de não acreditar não vai impedi-los de realizar sua missão. Os amigos espirituais trabalham sempre para nos ajudar no cumprimento de nossas missões aqui na Terra, e posso lhe afirmar que eles trabalharam muito para juntá-los uma segunda vez. Agora, cabe a cada um fazer sua parte.

– Para o senhor é tudo muito simples, não é? Basta perdoá-lo e está tudo resolvido!

– Exatamente. E não é assim?

– Olhe aqui, meu senhor, ou o senhor é muito esperto, ou é muito ingênuo. Um simples perdão não vai mudar nada nesta história.

– É aí que você se engana. Como já lhe disse, Alfredo a ama muito e está disposto a tudo para ficar com você e seu filho. Você o condena, mas quem está sendo intransigente e mesquinha no momento é você.

– Agora o senhor foi longe demais!

– Pense comigo: Alfredo tinha um filho e foi privado do seu convívio, pois você ficou com a criança só para si. Quando seu filho ficou doente, ele se propôs imediatamente a ajudá-lo, mesmo sem saber que o menino era seu filho. Mesmo quando Alfredo soube da verdade, em nenhum momento ele ameaçou tomar-lhe o garoto. Você sabe que, como pai, ele pode pedir a guarda da criança, não sabe? Quando você o enxotou de sua vida, ele foi embora e não disse nada ao filho; sequer pôde se despedir. Você está ao lado de seu filho, enquanto ele está ao lado da solidão. Alfredo errou no passado, e você está errando no presente.

– Para o senhor é simples jogar toda a culpa em cima de mim, não é? Ponha-se no meu lugar. O que o senhor queria que eu fizesse?

– Minha filha, você se lembra do que disse Jesus a Pedro, quando este lhe perguntou quantas vezes deveríamos perdoar o irmão que erra?

— Sim. Setenta vezes sete — respondeu Maria Celeste baixando a cabeça.

— E quantas vezes você já perdoou Alfredo?

— Nenhuma — disse ela num fio de voz.

— Não é por estar longe dele que você vai esquecê-lo; pelo contrário, só se tornará mais infeliz e amarga a cada dia. Experimente trocar a infelicidade pela felicidade. Permita-se ser feliz e não negue ao seu filho a oportunidade de ficar ao lado de um pai que ele ama. Se perder essa nova oportunidade que a vida está lhe oferecendo, você é quem será a vilã da história. Alfredo se regenerou do que fez de errado e quer construir uma vida nova a seu lado e do filho.

— Me desculpe, mas neste momento não sei o que pensar nem o que fazer.

— Vocês sofreram tanto para chegar até aqui; não desperdice essa nova oportunidade de ser feliz, ou se arrependerá pelo resto da vida. Entre o ódio e o amor, a melhor escolha é o amor.

— Vou pensar sobre isso, vou pensar...

— Ótimo! Agora vou indo, pois já ocupei muito do seu tempo. Se lhe desagradei em algum momento, peço desculpas. Tudo o que lhe disse foi para ajudá-la, pois o sofrimento está estampado nesses lindos olhos azuis.

Camilo levantou-se e lhe entregou um pedaço de papel.

— Aqui estão meu telefone e meu endereço. Se mudar de ideia, me procure; terei muita satisfação em ajudá-la. Você será bem-vinda em minha casa.

— Obrigada, senhor, por sua paciência e generosidade.

Camilo já estava de saída quando parou diante da foto de Afonso, pendurada na parede.

— Eles são muito parecidos fisicamente, não são? Principalmente na tristeza do olhar.

— Quando vi Alfredo, fiquei muitos dias cismada, pensando que o conhecia de algum lugar. Quando soube da verdade, assim que olhei para o rosto do meu filho, descobri com quem Alfredo se parecia. O olhar de Alfredo me persegue todos os dias através dos olhos de meu filho...

— Nossa, que história! De repente, Alfredo inverteu os papéis com Maria Celeste — opinou Roberto.

— Meus caros, analisem a situação de cada um. Alfredo foi tentado pelos vícios humanos e pereceu. Porém, reconheceu seus erros e se regenerou, superando seus defeitos. Ele lutou para se transformar em um homem bom e honesto.

— Realmente, ele se regenerou — falou Roberto.

— Maria Celeste, enquanto não foi incomodada pelas dificuldades da vida, viveu de modo correto. Porém, quando apareceram os problemas, entrou em choque. Ela conseguiu superar as dificuldades, mas não praticar a caridade através do perdão. Este é um defeito que ela precisa superar e em prol do qual deverá lutar.

— Tem razão, José Ernesto. Muitas vezes, passamos a vida nos escondendo de tudo para, quando chegarmos ao final, podermos dizer que não sucumbimos aos prazeres mundanos. No entanto, como poderemos superar nossos defeitos se não nos depararmos com eles? Se não formos tentados, não poderemos resistir à tentação. Assim, em que nos melhoramos? Estaremos voltando ao plano espiritual da mesma forma como saímos, com os mesmos defeitos a serem superados — concluiu o orientador Carlos.

— Exatamente. Nossa irmã Maria Celeste agiu corretamente diante dos desafios de sua encarnação; só pecou quanto ao fato de não querer perdoar nosso irmão Alfredo. Na sua mente, perdoar Alfredo significaria conviver com ele maritalmente, e isso a assusta. Mas, na verdade, se ela conseguisse perdoá-lo de coração e conviver com ele apenas como amiga, já estaria dando um grande passo em sua evolução espiritual.

— Certo! Mas o correto não seria perdoá-lo e se casar com ele? — perguntou uma aluna com ar romântico.

— Este era o objetivo de ambos para esta encarnação; porém, se não conseguirem cumprir o prometido, podem ao menos fazer o máximo para se aproximarem do plano original. Antes voltarem ao mundo espiritual simplesmente como amigos do que como inimigos.

— E como é inteligente nosso irmão Camilo... Ele sempre tem um jeitinho especial para resolver os problemas – comentou Roberto.

— Camilo é um espírito evoluído que está na Terra para ajudar os mais necessitados. Ele carrega consigo conhecimentos acumulados de outras encarnações. Também é um médium muito competente e disciplinado, o que o ajuda muito em sua missão na Terra – explicou José Ernesto.

— Continue a história, irmão. Estou curiosa para saber do final. Céu vai mesmo perdoar Alfredo? – perguntou a aluna romântica.

Quando a família chegou em casa do passeio, encontrou Maria Celeste cantarolando uma música romântica, o que deixou todos muito intrigados. Afinal, ao sair, tinham deixado uma mulher amargurada e triste, e, ao voltar, encontrado uma mulher esperançosa que cantarolava sobre um futuro romântico.

Afonso estava feliz com o novo comportamento da filha, mas também preocupado. Será que a filha estava enlouquecendo?

Calmamente, aproximou-se de Maria Celeste e perguntou:

— Tudo bem, minha filha?

— Tudo ótimo, pai – respondeu ela com entusiasmo.

Afonso ficou mais preocupado ainda. A filha não estava em seu estado normal. Por um instante, pensou em ligar para um psiquiatra amigo seu, a fim de avaliar o comportamento de Maria Celeste. Porém, a esposa o tranquilizou:

— Deixe de ser besta, homem! Ela está bem. Prefiro minha filha cantarolando pela casa do que chorando pelos cantos. Deixe-a em paz.

Afonso não ficou tranquilo, mas resolveu esperar até o dia seguinte para tomar uma atitude. Se na próxima manhã ela continuasse a demonstrar um comportamento estranho, chamaria o psiquiatra.

No outro dia, Maria Celeste acordou sorrindo. Seu rosto irradiava felicidade por todos os poros. Afonso já pegava a agenda telefônica para ligar para o psiquiatra, quando Maria Celeste pediu uma reunião em família.

– Gente – ela começou –, ontem recebi uma visita muito abençoada, depois que vocês saíram. Esta visita me abriu os olhos e me fez enxergar a vida de uma forma diferente. Essa pessoa me fez ver que eu estava olhando o copo de uma maneira distorcida: estava vendo o copo meio vazio, em vez de vê-lo meio cheio.

Isabel olhou assustada para o marido e falou:

– Querido, ligue logo para o psiquiatra, porque nossa filha enlouqueceu de vez!

– Não seja boba, mamãe. Não estou louca; pelo contrário, nunca estive tão lúcida em toda a minha vida.

– Pois então nos explique o que está acontecendo, filha. Que maluquice é esta de visita mágica e de copo faltando água – pediu a mãe, preocupada.

Maria Celeste sorriu com gosto, como há muito não sorria.

– Pois bem! Prestem bastante atenção no que vou lhes dizer. Eu estava errada em meus conceitos, muito errada mesmo, e uma pessoa especial me visitou ontem e me ajudou a enxergar isso...

※

Alfredo chegou em casa e deparou-se com Camilo, que já havia regressado de sua viagem.

– Boa tarde, irmão Camilo. Como foi a viagem? Conseguiu o que queria?

– Diria, meu filho, que foi muito proveitosa.

– Posso saber por onde o irmão andou?

– Por enquanto, não.

– Ah, o irmão está cheio de segredos... Quem sabe não arrumou uma namorada por aí, hein?

– Deixe de bobagens, Alfredo. Já passei da idade para certas coisas, e casamento é uma delas.

– Não sei não, irmão. O senhor ainda está bem conservado para a idade.

– E eu lá sou ervilha para estar em conserva, menino? Deixe de bobagens e me diga como ficaram as coisas enquanto estive fora.

– Tudo na santa paz, irmão. A única reclamação veio por parte de minha mãe, que choramingava todas as tardes por não ter com quem conversar. Tentei ocupar seu lugar, mas ela disse que só o senhor tem assuntos interessantes para uma conversa de fim de tarde.

Camilo sorriu com satisfação.

– Realmente, meu filho, você ainda tem muito que aprender antes de querer ocupar o lugar deste velho filósofo aqui.

※

Era uma manhã fria de outono e Camilo estava sentado no banco do jardim, conversando com um paciente, quando um carro se aproximou da entrada da casa. Uma mulher bonita e bem agasalhada saiu do veículo e se aproximou dele.

– Irmão Camilo – disse ela com lágrimas nos olhos –, o senhor tinha razão: vim até aqui em busca da minha felicidade.

– Fico feliz que tenha se decidido pelo caminho do amor. Tem uma pessoa que vai ficar muito alegre em revê-la.

– Tem uma pessoa dentro do carro que também está muito ansiosa para rever alguém.

– Se quiser, podemos ir até a casa dele agora mesmo.

– Se o senhor não se importar e puder me acompanhar, ficarei feliz em ter sua companhia.

– Então, não percamos mais tempo, minha filha. Vamos lá!

Um carro preto parou em frente da casa de dona Mônica. Camilo saltou e foi à frente. Bateu à porta, e dona Mônica atendeu.

– Bom dia, irmã! Como passou de ontem para hoje?

– Muito bem, irmão. Mas a que devo a honra de sua visita? Aconteceu alguma coisa?

– Para falar a verdade, aconteceu sim. Mas não se preocupe, que é coisa boa. Alfredo está em casa?

– Ele saiu para atender um paciente, mas volta logo. O senhor quer entrar para esperar?

– Ótimo, quero sim! Enquanto esperamos, gostaria que a senhora conhecesse uns amigos meus lá da capital.

– Pois não, irmão, peça que entrem.

Alfredo chegou em casa e estranhou o carro preto parado à porta. Estranhou ainda mais a chapa ser da capital. Preocupado, Alfredo entrou logo em casa para saber o que estava acontecendo. Na sala, não encontrou ninguém. Saiu pelos cômodos chamando:

– Mãe? Já cheguei! Está tudo bem?

De repente, um menino saiu correndo e gritando da cozinha, e pulou no pescoço de Alfredo.

– Alfredo, Alfredo, que saudade!

Alfredo levou um susto. Mal podia acreditar em seus olhos. Afonso estava em sua casa, abraçado a ele.

– Afonso – exclamou Alfredo, chorando de emoção. – O que está fazendo aqui?

– Eu estava com muita saudade de você, aí minha mãe me trouxe para visitá-lo.

– Verdade? – disse ele, feliz.

– Não! Na verdade, eu atormentei tanto a minha mãe, que ela não teve outra alternativa a não ser me trazer aqui para ver você. Estava morrendo de saudades de você, papai! Depois que foi embora, não tinha mais ninguém pra jogar bola comigo. Tudo estava muito chato e muito triste.

– Você é incrível, garoto! – disse Alfredo enquanto abraçava o filho. – Mas espere um pouco! Do que você me chamou?

– Ora, ora! Vejo que já encontrou o presente que eu lhe trouxe, Alfredo – exclamou Camilo com um sorriso.

– Eu sabia! Isso só podia ser coisa do senhor, irmão Camilo. Viagem misteriosa, hein?

– Do que me acusa, rapaz? Não tenho nada a ver com isso! – disse ele, piscando para Afonso.

– Irmão, como este milagre aconteceu?

– Não sei; milagre não é meu departamento. Por que não pergunta diretamente para quem *realizou* o milagre?

– E quem foi? – indagou Alfredo, curioso.

– Ora essa, que pergunta! Deus, é claro!

– Claro, irmão. Como sou bobo...

– Agora, se quiser explicações diretas de quem foi encarregada por Deus de realizar o milagre, ela o está esperando lá fora, no quintal.

– Ela está lá fora? – perguntou Alfredo, os olhos brilhando de emoção.

– Tem um anjo esperando por você lá fora, e ele lhe trouxe uma verdadeira mensagem celestial...

Alfredo mal podia acreditar em seus ouvidos. Maria Celeste estava em sua casa... Em seu quintal!

– Afonso, me espere aqui um pouquinho. Vou lá fora conversar com sua mãe e já volto.

– Tá bom, mas vê se não demora, papai. Não vai ficar de beijinhos lá fora e me esquecer aqui, hein?

Alfredo sorriu. Trêmulo, caminhou até o quintal. Maria Celeste estava lá, conversando com sua mãe. Quando dona Mônica viu o filho se aproximar, saiu disfarçando:

– Com licença, Maria Celeste, vou lá dentro providenciar o almoço. O irmão Camilo é um esfomeado e almoça muito cedo.

– Não precisa se preocupar comigo não, dona Mônica.

– Alfredo, por favor, faça companhia para a Maria Celeste enquanto cuido do almoço.

Dona Mônica entrou, e os dois ficaram lá fora se olhando. A situação era embaraçosa; nenhum deles sabia o que falar. Alfredo tomou coragem e iniciou a conversa:

– Estou muito feliz por estar novamente com vocês. Não sabe o quanto esperei por este momento.

– Agradeça ao irmão Camilo. Ele apareceu na minha porta e me disse umas verdades. No início, achei que ele era louco, mas, depois, a carapuça serviu em mim direitinho. Quem sou eu para julgar você, se também errei? Como poderia odiar o homem que deu a vida ao meu filho por duas vezes?

Alfredo, emocionado, começou a chorar.

– Se eu abraçar você, vai ficar brava comigo? – perguntou ele, com lágrimas nos olhos.

– Vou ficar furiosa... se *não* me abraçar agora mesmo! O que está esperando?

Alfredo abraçou e beijou Maria Celeste com todo o amor que guardava em seu coração. Quanto tempo tinha esperado por aquele momento, sem mentiras, sem desculpas, sem remorsos. Naquele instante, Alfredo renascia para uma nova vida – uma existência cheia de amor e possibilidades.

Lá dentro da casa, três espectadores espiavam a cena romântica pela janela. Dois com os olhos úmidos pela emoção, e o outro bufando de impaciência.

– Eca! Não falei que, no final, isso iria acabar com beijos e melação? – disse triunfante o menino, que já havia previsto de antemão o final feliz daquela história.

– Meus caros amigos, gostaria de encerrar minha participação nesta aula tão edificante, deixando para vocês uma mensagem tirada de um trecho da carta de Paulo aos Coríntios. Capítulo 13, versículos, 1,13:

"– Ainda que eu falasse as línguas dos homens e dos anjos, e não tivesse amor, seria como o metal que soa ou como o sino que tine. E ainda que tivesse o dom de profecia, e conhecesse todos os mistérios e toda a ciência, e ainda que tivesse toda a fé, de maneira tal que transportasse os montes, e não tivesse amor, nada seria. E ainda que distribuísse toda a minha fortuna para sustento dos pobres, e ainda que entregasse o meu corpo para ser queimado, e não tivesse amor, nada disso me aproveitaria. O amor é sofredor, é benigno; o amor não é invejoso; o amor não trata com leviandade, não se ensoberbece. Não se porta com indecência, não busca os seus interesses, não se irrita, não suspeita mal; não folga com a injustiça, mas folga com a verdade; tudo sofre, tudo crê, tudo espera, tudo suporta. O amor nunca falha; mas havendo profecias, serão aniquiladas; havendo línguas, cessarão; havendo ciência, desaparecerá; porque, em parte, conhecemos, e em parte profetizamos; mas, quando vier o que é perfeito, então o que o é em parte será aniquilado. Quando eu era menino, falava como menino, sentia como menino, discorria como menino, mas, logo que cheguei a ser homem, acabei com as coisas de menino. Porque agora vemos por espelho em enigma, mas então veremos face a face; agora conheço em parte, mas então conhecerei como também sou conhecido. Agora, pois, permanecem a fé, a esperança e o amor, estes três, mas o maior destes é o amor."

Quando José Ernesto terminou sua narrativa, muitos tinham os olhos marejados de lágrimas pela emoção.

– Espero, meus amigos, que minha humilde história tenha servido para contribuir com o aprendizado de vocês.

– Nós lhe agradecemos muito, irmão, pela maravilhosa história que tão bem abrilhantou nossa aula de hoje. Obrigado! – agradeceu o orientador Carlos.

– Fico feliz em poder passar a vocês um pouco do conhecimento que possuo. E, para terminar, só gostaria que nunca se esquecessem de que a evolução de todos os seres vivos é necessária, e que toda criatura é livre para percorrer o caminho que desejar; porém, ela será sempre obrigada a assumir as consequências de suas escolhas. Obrigado a todos! Fiquem com Deus!

– Irmão José Ernesto, me conte só mais uma coisa – pediu Roberto, curioso. – O senhor conhece pessoalmente o mentor de Alfredo?

– Estão olhando para ele, meus amigos. Que Deus, em sua infinita misericórdia, abençoe a todos – finalizou José Ernesto enquanto partia...

Av. Porto Ferreira, 1031 | Parque Iracema
CEP 15809-020 | Catanduva-SP

www.**petit**.com.br | petit@petit.com.br
www.**boanova**.net | boanova@boanova.net

 17 3531.4444
 17 99777.7413
@boanovaed
boanovaed
boanovaeditora

Acesse nossa loja

Fale pelo whatsapp